Je dois vous dire

Nos droits sont en danger

Jacques Toubon

Je dois vous dire

Nos droits sont en danger

Stock

ISBN : 978-2-234-09360-7

Pour Sophie
Pour Sébastien

« Nul ne peut se sentir, à la fois,
responsable et désespéré. »

Antoine DE SAINT-EXUPÉRY,
Pilote de guerre, 1942

« Tous les êtres humains appartiennent à la même espèce et proviennent de la même souche. Ils naissent égaux en dignité et en droits et font tous partie intégrante de l'humanité. »

Déclaration sur la race et les préjugés raciaux,
UNESCO, 1978

Introduction

Une petite fille vêtue d'une jupe et d'une blouse est en train de courir, à l'arrière on distingue à peine la porte d'un immeuble. L'enfant semble pressée de rejoindre des amis, elle ne porte pas de cartable ni de sac de courses, elle est libre comme l'air, débarrassée de ses devoirs et de ses tâches quotidiennes. Malgré la forte pixellisation de la photographie, on devine sa bouche qui reprend souffle, esquisse-t-elle un sourire ? Elle va vers sa vie et vers le monde.

J'ai accroché cette photo sur le mur qui fait face à la porte d'entrée de mon appartement. C'est un fort agrandissement d'une simple carte postale représentant une cité de la banlieue parisienne comme on en a tant construit dès les années 1950, afin d'accueillir les nombreux travailleurs étrangers venus contribuer aux Trente Glorieuses. Sur la carte ramenée à ses dimensions originelles, on ne voit que d'immenses immeubles HLM et une aire de jeux pour enfants. Aucun être humain. Il fallait l'œil aiguisé d'un artiste photographe, Mathieu Pernot, pour deviner, entre ces mastodontes modernes, dans cette réalité urbaine qui devait impressionner les familles et les amis restés au pays, la silhouette d'une fillette. Elle représente pour moi tous les êtres humains déplacés, exilés, immigrés ou migrants, mais également les plus fragiles d'entre nous. Elle représente le potentiel de liberté et de vie présent en chacun à condition qu'on le reconnaisse, l'accompagne et le soutienne. Chez moi, elle protège les arrivées et les départs, les allées et venues, les joies et les peines.

J'ai eu l'honneur d'exercer la mission constitutionnelle de Défenseur des droits de la République française pendant six ans de 2014 à 2020. Cette mission est venue consacrer plus de cinquante années au service de la France, de la culture, de la diversité, de la justice et de la loi. Mes responsabilités en tant que Défenseur découlaient naturellement des engagements de ma vie et de mes mandats, notamment en tant que ministre et maire du XIIIe arrondissement de

Paris. En six ans, avec mon équipe, nous avons relevé des défis, remporté des victoires. Nous avons mis en lumière des discriminations qui échappaient à la loi, porté des situations graves à l'attention des parlementaires et des juges. Néanmoins, si ma fonction de Défenseur m'a apporté de grandes satisfactions, elle a aussi alimenté mon inquiétude. Elle m'a éclairé sur l'évolution préoccupante des démocraties et des États de droit, à commencer par le nôtre.

Cette évolution a désormais atteint un point critique. Jamais les valeurs universelles et les droits de l'homme n'ont été aussi contestés au nom d'intérêts identitaires, nationaux et communautaires. Le repli sur soi et le rejet de l'étranger compromettent les valeurs d'hospitalité et de diversité de notre République. Les migrations, qui firent le rayonnement de l'Occident, ne sont plus que des sujets de crainte. La lutte contre les discriminations, dont j'ai été le garant engagé, semble s'être retournée contre les valeurs qui l'ont suscitée, au point que l'identité individuelle est préférée à l'humanité commune. Les revendications identitaires charrient avec elles censures et interdits, elles introduisent également une sourde, ou explicite, hiérarchie entre les êtres. L'état d'urgence dans lequel les sociétés vivent depuis des années face au terrorisme et à la pandémie de la Covid-19 porte, enfin, une atteinte durable à nos droits et à nos libertés.

Inspiré par mon compagnonnage de quarante ans avec Jacques Chirac, par son intransigeance sans faille envers les idées racistes, par son humanisme mêlé de pragmatisme, je voudrais décrire cette dérive dangereuse au travers des leçons de mon expérience personnelle, celle de plus de cinquante ans de service public. Je souhaiterais rendre compte de situations humaines qui illustrent le refus de notre société, implicite ou proclamé, de faire respecter les droits reconnus à toutes les femmes et tous les hommes vivant sur notre planète. Je voudrais montrer avec quelle facilité les autorités publiques les plus démocratiquement élues s'autorisent à bafouer les droits élémentaires. Il arrive qu'au nom de l'ordre public, de la souveraineté et d'une majorité élue, on discrimine et on exclut, on nie l'égalité fondamentale entre les humains.

L'époque de régression des droits et des libertés fondamentales dans laquelle nous entrons remet en question une longue histoire d'émancipation sur laquelle je me permets de revenir.

La Révolution française, puis l'achèvement du droit révolutionnaire par Napoléon ont construit le socle des principes de liberté, d'égalité et de fraternité sur lequel nous nous appuyons toujours par le truchement du préambule de la Constitution de 1946. La France a été un modèle, de la Belgique à la Pologne, de la Suisse aux principautés allemandes et aux États italiens.

La fin du XIXe siècle a vu s'affirmer dans notre pays, de manière irréversible, le suffrage universel, le droit syndical, les libertés communales, la liberté de la presse, le droit d'association, l'école obligatoire pour tous, la liberté des cultes, la séparation de l'Église et de l'État. L'Allemagne fut également un laboratoire des pratiques démocratiques grâce au Kulturkampf et à l'œuvre de Bismarck, une fois construite l'unité nationale.

En réaction à la guerre et à l'Occupation, période de sombre négation de la dignité humaine et de déchéance des droits, les pays européens ont été marqués par l'instauration de systèmes achevés de protection sociale, par la concrétisation internationale du droit d'asile et la mise en place du système multilatéral des Nations unies appuyé sur la Déclaration universelle des droits de l'homme de 1948. En Europe, l'État de droit s'incarna dans la

Convention européenne des droits de l'homme et la construction de la Communauté économique européenne. Et, année après année, nous applaudissions à la décolonisation, à l'avénement de nouvelles démocraties, à la chute du mur de Berlin et au retour de l'Europe à sa pleine dimension géographique. En France, nous avons vécu pendant des décennies à l'abri du bloc constitutionnel formé par les droits de 1789, les lois de la IIIe République et le préambule de la Constitution de 1946. Ces textes forment le socle de la Constitution de 1958.

Mais aujourd'hui nous n'en sommes plus là. Nous sommes entrés dans une ère marquée par la remise en cause des droits fondamentaux, le rejet de l'égale dignité des hommes, l'écrasement de l'État de droit sous l'empire de l'identitarisme, de l'illibéralisme et de la post-vérité. Même le droit d'asile, dont la valeur constitutionnelle a été affirmée en France en 1980, ne semble plus évident à certains de nos contemporains. On croirait parfois entendre Joseph de Maistre, l'écrivain contre-révolutionnaire qui notait dans *Considérations sur la France* en 1796 : « Il n'y a point d'homme dans le monde. J'ai vu dans ma vie des Français, des Italiens, des Russes ; je sais même, grâce à Montesquieu, qu'on peut être Persan ; mais quant à l'homme, je déclare ne l'avoir rencontré de ma vie ; s'il existe c'est bien à mon insu. »

Le tournant se fit après le 11 septembre 2001. Dans l'hémisphère nord, toutes les sociétés adoptèrent la posture de la tortue qui, face au danger, au milieu de l'incendie qui parcourt la plaine, se croit à l'abri en s'immobilisant sous sa carapace. Les États cherchèrent la protection contre le terrorisme, non dans la paix et le droit, mais dans l'enfermement et la réaction. Ce renoncement relatif aux libertés au nom de la sécurité s'est accompagné d'une poussée de mouvements populistes antidémocratiques sans équivalent depuis les années 1920 et 1930.

En tant que Défenseur des droits j'ai connu en cinq ans deux états d'urgence ; antiterroriste puis sanitaire. La loi SILT du 30 octobre 2017 a prolongé dans le droit commun quatre dispositions restrictives de liberté propres au premier état d'urgence. La loi tend désormais à pérenniser certaines dispositions du second.

Les mouvements de migration et d'immigration concernent 2,5 % de la population mondiale. Ils ne constituent pas l'enjeu vital dont certains fantasmes complaisamment répandus voudraient faire l'alpha et l'oméga de toute politique en France et en Europe.

La protection sociale universelle garantissait l'égalité devant les risques et l'accès aux droits. À présent l'universalité s'efface, la protection sociale choisit ses cibles. Reviendra-t-on à la charité ?

Les réseaux sociaux et les médias classiques sont des véhicules d'intolérance et de lynchage. La *cancel culture* anéantit la liberté d'expression et la profondeur historique nécessaire aux peuples. La différence qui divise prend le pas sur l'égalité qui rassemble. Le suprématisme pénètre les esprits les moins enclins au racisme.

Ce que l'on peut dire sans complaisance de notre pays est à l'œuvre dans bien d'autres où les principes de la démocratie, du pluralisme et de l'équilibre sont en voie d'être supplantés par un libéralisme à fondement identitaire, différencialiste et suprématiste. Dans ces pays, l'identité prend le pas sur l'humanité en s'appuyant sur le suffrage universel et la loi de la majorité. Dans un retournement vertigineux, le suffrage peut devenir l'instrument d'un écrasement démocratique des droits et des libertés.

Les partis et les personnes qui pratiquent l'intolérance et proposent des politiques d'exclusion s'imposent régulièrement. Nous assistons impuissants à l'épanouissement d'autocraties électives qui se passent du droit. Une énumération partielle l'illustrera. Les conservateurs britanniques en ont rabattu beaucoup sur les libertés. Le parti Vox qui veut ramener l'Espagne au temps d'Isabelle la Catholique appartiendra probablement à la prochaine majorité parlementaire. Le PiS est au pouvoir en Pologne, le Fidesz est hégémonique en Hongrie. La Liga italienne comme l'extrême droite flamande, l'AfD en Allemagne, l'AKP dictatorial en Turquie, tous sont au pouvoir ou en passe d'y accéder. Le président Bolsonaro, qui gouverne selon les injonctions des Églises évangéliques, s'est imposé au Brésil.

Le programme politique de ces formations consiste à s'attaquer aux élites, à la modernité, à l'ouverture aux autres et au monde. C'est l'héritage du procès de Nuremberg, du multilatéralisme onusien, de la construction européenne, qui se trouve ainsi mis à mal. Le temps des droits humains et des libertés fondamentales, inauguré il y a deux siècles, s'achève dans la passion ou, pire, l'indifférence.

Quant aux nouvelles technologies numériques, elles ont pris en quelques années le chemin qui va de la liberté au monopole. En 1989, l'Internet a été créé libre, sans propriétaire. Trente ans plus tard, il est devenu une source de profits indécents et un outil de domination. Il ne connaît plus la concurrence et contribue à divulguer l'intolérance et la haine qui se banalisent jour après jour.

Dans *Scènes et doctrines du nationalisme* (1902), Maurice Barrès écrivait : « Que Dreyfus est capable de trahir, je le conclus de sa race ». Cette phrase terrifiante, le comble de l'essentialisme, et de l'antisémitisme, n'est malheureusement pas une vieille lune d'un siècle oublié. Pour certains aujourd'hui c'est une conviction agissante. Elle justifie la posture de millions de nos contemporains et la politique proclamée de maints États souverains. En France même, nous vivons un retour aux affrontements qui ont accompagné les débuts de la République et nourri l'œuvre d'un Barrès.

Pour moi, le temps d'une gouvernance mondiale qui propose aux souverainetés de devenir des solidarités est donc venu. Nous avons le besoin urgent que les jeunes générations relèvent le gant des droits et de la liberté, écrivent les pages d'une nouvelle ère, celle du retour aux droits de l'homme, aux libertés et à la dignité unique de toutes les femmes et de tous les hommes.

Chapitre 1

Le crépuscule de l'État de droit

Le 6 janvier 2021, des milliers de partisans du président Donald Trump ont assailli le Capitole, encouragés par leur leader. Ils venaient protester contre la validation des résultats de l'élection présidentielle dont le démocrate Joe Biden était sorti vainqueur. « Vous devez faire preuve de force et vous devez être forts », avait clamé le président battu dans un discours appelant à ne pas respecter les partisans de la Constitution. La violence de l'attaque, la virulence et la détermination des assaillants ont frappé le monde entier. Le pays de la démocratie et des libertés était fragilisé en son cœur, ses idéaux méprisés, ses pratiques balayées d'un coup de crosse. Malheureusement, ce dont nous avons été alors les témoins impuissants n'était pas un accident regrettable de la vie démocratique américaine. L'assaut du Capitole était le sommet soudain émergé d'un iceberg inquiétant, celui que forment, de plus en plus nombreux, les opposants aux droits de l'homme et aux valeurs qui ont façonné les démocraties.

Pour le mesurer nous devons convoquer les chiffres. Dans son rapport annuel, l'organisation internationale IDEA indique qu'en 2020, le nombre des régimes autoritaires a dépassé celui des gouvernements allant vers plus de démocratie, pour la cinquième année consécutive. Il s'agit de la plus longue séquence de repli démocratique depuis 1975. Les pays considérés comme non démocratiques représentent désormais 45 % des États de la planète, leur nombre a triplé en trente ans. Par ailleurs, nous savons grâce à ce rapport qu'en 2020 et 2021, pour combattre la pandémie, 64 % des États ont pris des mesures « disproportionnées, non nécessaires ou illégales ».

Le droit en péril en Europe

Cette observation globale mérite un plus ample examen. Commençons par l'Europe et la

Turquie. Dans certains de ces pays l'expression inventée par Tocqueville, « tyrannie de la majorité », s'applique parfaitement. La Commission européenne a présenté le 30 septembre 2021 son premier rapport sur l'État de droit avec beaucoup de retard et de difficultés. Le rapport montre que l'État de droit est soumis à des tensions de plus en plus fortes en Europe. L'indépendance des médias et la sécurité des journalistes sont des sujets de préoccupation constants pour la Commission. Les médias européens sont de plus en plus concentrés aux mains d'intérêts particuliers et soumis pour certains à la pression gouvernementale au détriment de la liberté de la presse.

Il en est de même de la justice dont l'indépendance est en péril tant en Pologne qu'en Hongrie. Cette réalité a des conséquences sur la coopération judiciaire. Par exemple, en application d'un mandat d'arrêt européen, une juridiction d'Amsterdam a refusé d'extrader des citoyens polonais au motif que la justice de leur pays les exposerait à un procès inéquitable. L'Europe souffre d'une crise de confiance envers ses États membres dont les valeurs se dissocient pour certains des principes fondateurs de l'idéal européen.

Notre Conseil national des barreaux, réuni le 10 janvier 2022 à Strasbourg, l'a justement dénoncé : « Nous devons affronter la réalité en face : l'Europe est désormais considérée – à tort – comme intrinsèquement injuste. Ce qui est en jeu, c'est la permanence du corpus européen de droits fondamentaux ». Et d'ajouter : « Or, les règles européennes ne sont pas un carcan : elles nous libèrent, elles ne nous emprisonnent pas. »

De manière générale, les pays concernés par ce recul des principes démocratiques faisaient partie de l'ancien bloc soviétique. Pendant des années ils se sont préparés et réformés pour répondre aux critères de l'adhésion à l'UE. Désormais, l'heure n'est plus pour eux à la démocratisation et à la politique de la patte blanche. La Cour de justice de l'Union européenne et la Cour européenne des droits de l'homme sont souvent saisies pour des affaires graves de violation des droits fondamentaux, notamment à l'encontre des personnes LGBT.

Au sein de ces États, des institutions s'efforcent de faire respecter la primauté du droit européen avec plus ou moins de succès. Le 10 décembre 2021, la Cour constitutionnelle hongroise a ainsi rejeté un recours du gouvernement de Budapest. Celui-ci avait demandé qu'elle examine un arrêt de la Cour de justice de l'Union européenne rendu en décembre 2020, condamnant l'État hongrois pour avoir enfreint le droit communautaire en matière d'asile. La Cour constitutionnelle hongroise a déclaré qu'elle n'était pas en mesure de contester le jugement de la Cour de justice de l'Union européenne. Au contraire, le tribunal constitutionnel polonais a, de son côté, mis en doute la primauté du droit européen en déclarant que certaines parties du droit communautaire étaient incompatibles avec la constitution de la République polonaise. Les lignes de fracture entre l'Europe et ses membres ne portent pas seulement sur la distribution des responsabilités à l'intérieur de l'Union, mais aussi sur les lois qu'on y applique. Et c'est plus grave.

Par l'article 2 de son traité constitutif, l'Union européenne reconnaît « l'identité nationale et constitutionnelle » de chaque État membre. Au nom de cet article, la primauté du droit européen est régulièrement contestée. La Cour constitutionnelle allemande de Karlsruhe a essayé de la remettre en cause et se trouve aujourd'hui soumise par la Commission à une procédure d'infraction. La Cour constitutionnelle italienne a rejeté un arrêt de la Cour de justice de l'Union européenne au sujet de la fraude à la TVA. L'Europe a répondu qu'il existait une obligation de protéger les intérêts financiers de l'Union mais qu'elle devait être conciliée avec le respect du principe de légalité des délits et des peines.

En France, le Conseil constitutionnel a récemment pris des positions de principe : « la transposition d'une directive ne saurait aller à l'encontre d'une règle ou d'un principe inhérent à l'identité constitutionnelle de la France, sauf à ce que le constituant y ait consenti ». Mais il ajoute : « la compatibilité avec la Constitution d'un traité ratifié ne peut être remise en cause, fusse à l'occasion du contrôle d'un traité modificatif ou de la loi de ratification de ce dernier ». Le traité s'impose donc.

Défier l'Europe : le cas polonais

C'est avec la Pologne que l'Union européenne rencontre les plus grandes difficultés. La Pologne remet régulièrement en question, depuis 2015, la primauté du droit européen suite à une réforme judiciaire controversée qui instaure un nouveau régime disciplinaire pour les juges. Bruxelles a immédiatement contesté ce qu'elle a dénoncé comme une atteinte à l'indépendance de la justice. De fait, un grand nombre de juges polonais sont proches du parti présidentiel, le PiS (Droit et justice), dont ils suivent aveuglément les requêtes. Le tribunal constitutionnel polonais a jugé, le 7 octobre 2021, que l'Union européenne avait agi hors du cadre des compétences qui lui avaient été conférées. Ce fut un coup de théâtre à Bruxelles où jamais l'un des fondements de l'Union européenne n'avait ainsi été remis en cause, à savoir la primauté du droit européen sur les droits nationaux. Les juges polonais se sont arrogés le droit de définir les domaines dans lesquels les autorités polonaises pouvaient s'estimer déliées des traités et lois européennes qu'ils ont pourtant contribué à élaborer et adopter.

La Commission européenne a ouvert le 22 décembre 2021 une procédure d'infraction contre la Pologne à la suite de cette décision, en déclarant que le tribunal constitutionnel ne répondait plus aux exigences d'un « tribunal indépendant et impartial établi par la loi », comme l'exigeait le traité européen.

La décision polonaise du 7 octobre 2021 était en effet la conséquence d'une stratégie assumée de la part du gouvernement. Le tribunal constitutionnel a également rejeté l'application de l'article 6 de la Convention européenne des droits de l'homme, qui garantit le droit à un procès équitable devant un tribunal indépendant et impartial établi par la loi, et affirmé que la Cour de Strasbourg n'avait pas la compétence pour évaluer l'indépendance de ce tribunal.

La bataille s'est concentrée autour des questions préjudicielles qui ont été soumises à la Cour de justice de Luxembourg. Cette dernière a établi, après une requête d'un juge portugais, une obligation générale pour les États membres de garantir et de respecter l'indépendance des cours et tribunaux nationaux. Elle a ainsi développé une jurisprudence sur l'État de droit en 2018.

En mettant en œuvre ses compétences prévues dans les traités, la Cour européenne tente d'empêcher que le système judiciaire polonais ne fonctionne en un système fermé dans lequel des juridictions valideraient les réformes effectuées par le pouvoir. L'Union européenne et ses organes démontrent que le système polonais est en violation du droit européen et de la constitution polonaise. Dans un arrêt de mai 2021, la Cour européenne des droits de l'homme a considéré que le tribunal constitutionnel polonais n'était plus « un tribunal établi par la loi ».

Le 10 janvier 2022, les dix-neuf députés du parti du ministre polonais de la justice, Zbigniew Ziobro, ont contesté explicitement le fonctionnement de l'Europe : « tant que l'Union européenne n'aura pas réalisé ses engagements vis-à-vis de la Pologne [c.-à-d. les crédits du plan de relance], Varsovie devra bloquer toutes les décisions législatives européennes exigeant l'unanimité ». En Pologne la véritable question est en réalité celle de l'État de droit. Si les débats se sont cristallisés sur la question judiciaire soulevée par la réforme polonaise, ce n'est pas le seul sujet de crispation. Les droits LGBT, le droit à l'avortement, la liberté de la presse, l'urgence climatique sont autant de sujets qui suscitent divergences, voire différences insolubles. Par exemple, en 2020, la Pologne a défini des « zones sans idéologie LGBT ». Plusieurs dizaines de communes se sont déclarées telles. L'Union européenne avait alors suspendu des fonds qui lui étaient destinés.

Par une décision du 16 février 2022, la Cour de justice de l'Union européenne a validé le mécanisme conditionnant le versement de fonds européens, au respect de l'État de droit. En effet, elle a rejeté les recours de la Pologne et de la Hongrie contre ce mécanisme de conditionnement qui est en vigueur depuis le 1er janvier 2022.

Il ne s'agit pas ici d'une affaire de juristes. Ce débat est profondément lié à la nature de la société que nous voulons. Il est en relation directe avec la tentative de certains d'échapper aux principes fondamentaux de liberté et d'égalité qui gouvernent depuis maintenant près de deux siècles nos pays démocratiques. Certains juristes constatent ainsi l'émergence de ce qu'ils appellent un « constitutionnalisme illibéral[1] ». Certains pays membres estiment que l'identité exceptionnelle de leur nation n'est pas suffisamment appréciée et ne reçoit pas le traitement privilégié auquel ils croient qu'elle a droit.

La Hongrie et la Turquie : le ressentiment nationaliste

L'Union européenne est également en difficulté avec la Hongrie qui se plaint du dépeçage dont elle a été victime lors du traité de Trianon en 1920. Le territoire de la Hongrie impériale fut alors réduit de deux tiers, les populations d'origine magyare furent éparpillées dans plusieurs États, notamment dans la nouvelle Roumanie, autour de Cluj, capitale de la Transylvanie. Viktor Orbán cultive le souvenir du « diktat » et de l'humiliation imposés aux Hongrois. L'Occident a privé la Hongrie de trésors naturels, clame-t-il. Il a violé

1. Tímea Drinóczi, « L'émergence d'un constitutionnalisme illibéral et d'une légalité illibérale en Europe : que se passe-t-il et que peut faire l'UE ? », in *Revue européenne du droit*, n° 3, décembre 2021, pp. 164-169.

des frontières millénaires et transformé son pays en « couloir de la mort ». Budapest a commémoré en 2020 le centenaire du traité, mais reporté l'inauguration d'un monument de la cohésion nationale, en raison de la pandémie de Covid-19. Ce monument devait exposer les noms des communes perdues en 1920. Viktor Orbán considère que tout Magyar est citoyen hongrois et possède le droit de vote, notamment les deux millions de Magyars qui vivent en Tchécoslovaquie ou en Roumanie où ils sont citoyens roumains. Un million de passeports ont été distribués en une dizaine d'années à des électeurs attachés au parti du Premier ministre hongrois. Les ultranationalistes sont de plus en plus visibles sur la scène publique. La Brigade des Carpates, qui soutient bruyamment l'équipe hongroise dans les stades de football avec ses partisans musclés, rasés et vêtus de noir, intimide.

Tout est occasion d'affirmer le mythe de la grande Hongrie. Le 10 janvier 2022, le Premier ministre a tenu à manifester sa solidarité au gouvernement du Kazakhstan dans sa répression féroce de la révolte populaire, soutenant officiellement la thèse selon laquelle il faisait face à une tentative de renversement de l'ordre constitutionnel. Cette Hongrie conservatrice, chrétienne et patriotique soutient en Bosnie l'entreprise séparatiste de la République serbe de Bosnie et de son leader nationaliste, Milorad Dodik. Elle cherche à supplanter l'Europe en participant à l'alliance des pays russophones. Enfin, en exerçant son droit de veto au Conseil européen, elle démontre sa capacité de nuisance alors que se durcit le conflit avec Bruxelles sur les violations de l'État de droit. Il n'est pas surprenant que Viktor Orbán ait reçu le soutien de Donald Trump pour les élections législatives d'avril 2022.

La Turquie ne fait pas partie de l'UE et on peut légitimement se demander comment elle peut continuer à être considérée comme un partenaire fiable. En occupant militairement 40 % du territoire d'un membre de l'UE, à savoir la République de Chypre, elle s'est retirée d'elle-même du dialogue avec l'Europe. Elle refuse obstinément de reconnaître le génocide arménien. Il existe même en Turquie, sur le modèle de nos concours de la Résistance, un concours sur « le soi-disant génocide des Arméniens » destiné à en nier l'existence historique. Le président Erdogan a enfin vigoureusement adopté le tournant de l'islamo-nationalisme et tourné la page de la laïcité écrite par Atatürk. Sainte-Sophie, la basilique byzantine, est à nouveau une mosquée comme elle l'était devenue après la prise de Constantinople par Mehmet II en 1453. Les figures chrétiennes sont dissimulées par des voiles blancs et les anges par des panneaux portant le nom d'Allah. Le rythme des visites dépend de celui des prières, les femmes doivent être voilées avec soin. Comme Viktor Orbán, Recep Tayyip Erdogan affiche un désir de revanche vis-à-vis de l'Europe et de l'Occident et pleure la perte des territoires ottomans actée par le traité de Lausanne (1923), notamment les îles grecques au large de la Turquie ainsi que Mossoul, Kirkouk et le nord de la Syrie.

Élargissons ces considérations au monde. Les États-Unis de Donald Trump et le Brésil du président Bolsonaro ne sont pas des accidents électoraux ou parlementaires. Ils révèlent bien une tendance de fond, celle de la faillite de la raison dans des démocraties où certaines élites font le pari de l'illibéralisme et du populisme néo-conservateur, voire réactionnaire.

Une version belliqueuse de la nation

Nous voyons ainsi à l'œuvre, à travers le monde, une interprétation néfaste du nationalisme qui met en cause la possibilité de réaliser les droits fondamentaux. Notre tradition républicaine et révolutionnaire y est en réalité pour quelque chose. La nation française de 1789, patrie des droits de l'homme, est devenue à partir de 1792 une entreprise quasi mystique de défense du salut public puis de domination du continent européen. Elle seule possédait une homogénéité, une puissance, une légitimité. Le droit s'est mis au service de ces desseins conquérants. La nation, organisme vivant supérieur à l'État, source de la volonté populaire et du gouvernement, était destinée à légitimer la guerre quand celle-ci s'est imposée. La levée en masse d'un million et demi de soldats derrière Napoléon face à la coalition des puissances s'est faite au nom de la nation.

C'est cette nation guerrière et dominatrice qui entraînera les autres États, en particulier la Prusse, à affirmer leur identité au-delà des organisations politiques. La nation fut certes émancipatrice, pour les Français d'abord, puis pour bien d'autres peuples en Europe et dans le monde. Aujourd'hui, elle est instrumentalisée au service d'identités particulières et d'ambitions hégémoniques. Cette lecture anachronique de la nation provoque conflits et exclusions. En son nom, on mène désormais le combat contre l'égalité, contre les droits de l'homme, pour la suprématie des uns, contre la liberté des autres. L'article 16 de la Déclaration des droits de l'homme est dans bien des pays tout simplement bafoué. « Toute société dans laquelle la garantie des droits n'est pas assurée, ni la séparation des pouvoirs déterminée, n'a point de Constitution ». La lettre ne vaut rien si elle n'est pas actualisée positivement. La Constitution est un chiffon de papier si elle n'est pas réalisée et respectée.

Malesherbes commente parfaitement cet article sous la plume de Chateaubriand dans les *Mémoires d'outre-tombe* (1848) : « Tout gouvernement qui, au lieu d'offrir des garanties aux lois fondamentales de la société, transgresse lui-même les lois de l'équité, les règles de la justice, n'existe plus et rend l'homme à l'état de nature. Il est licite alors de se défendre comme on peut, de recourir aux moyens qui semblent les plus propres à renverser la tyrannie, à rétablir les droits de chacun et de tous ». Une position de ce type est conforme au libéralisme déçu de Malesherbes, homme des principes de 1789 qui avait lutté contre l'intolérance quand elle se confondait avec le roi, et qui fut prêt à lutter contre la tyrannie quand elle se dissimulait derrière le peuple. Des principes que nous avons pratiqués depuis deux cents ans ne nous mettent pas à l'abri de l'intolérance car ils ne sont qu'écrits. C'est à nous de faire vivre leur application.

Aujourd'hui, je rejoindrai volontiers le point de vue du professeur Jean-Louis Vullierme, auteur de *Miroir de l'Occident, Le nazisme et la civilisation occidentale*[2], quand il écrit : « Acivilisme et terrorisme d'État, fussent-ils pensés comme des opérations défensives, sont aussi dangereux que le populisme, le positivisme juridique, le colonialisme et le suprématisme, sous toutes ses formes. Nous devons apprendre à traiter nationalisme et xénophobie non comme des forces ou des preuves de réalisme, mais désormais comme des faiblesses politiques et les manifestations d'un désordre cognitif. »

Le rôle du Défenseur des droits

La France échappe-t-elle à tout reproche dans ce domaine ? Mon expérience de Défenseur des droits m'a été extrêmement profitable pour évaluer l'articulation de la sécurité et des libertés, de l'égalité et des revendications identitaires dans notre pays.

2. Paris, L'artilleur, 2014.

Le Défenseur des droits est une autorité administrative indépendante inscrite dans la Constitution lors de sa révision en 2008. Il remplace le médiateur de la République institué en 1973, mais que la Constitution ne mentionnait pas. Il est nommé par le président de la République. Dominique Baudis fut le premier à en assumer la tâche. Il fut nommé en juin 2011 et mourut en fonction en avril 2014. J'ai été nommé Défenseur en juillet 2014 pour six années qui se sont achevées en juillet 2020.

Le Défenseur a la charge de la défense et de la promotion des droits et des libertés fondamentales, ce qui s'incarne dans cinq missions différentes mais complémentaires. Il est d'abord un médiateur entre les administrations, les services publics et leurs usagers afin que les droits, tels que ceux des régimes de sécurité sociale, soient reconnus concrètement à tous et toutes sans recourir à la voie contentieuse.

Le Défenseur est également une autorité de lutte contre les discriminations et les inégalités dans tous les domaines de la vie quotidienne. Il répond des relations entre les particuliers et les entreprises, les administrations ou les organismes de protection sociale au sujet du logement, du travail, du handicap, du grand âge, du sexe ou du genre. Il y a dans la loi vingt-huit critères différents de discriminations.

Il est aussi défenseur des enfants, charge créée pour chaque pays par la Convention internationale des droits de l'enfant (CIDE) en 1989. À ce titre, le Défenseur contrôle le fonctionnement de l'Éducation nationale et de l'Aide sociale à l'enfance, entre autres.

Il est aussi chargé de faire respecter la déontologie imposée aux forces de sécurité, dont la police et la gendarmerie, dans les textes législatifs et réglementaires ainsi que dans la jurisprudence des tribunaux et des instances disciplinaires. Il veille ainsi à la légalité des opérations de maintien de l'ordre et des contrôles d'identité qui ne doivent pas être discriminatoires.

Enfin, le Défenseur protège les personnes qui sont reconnues comme lanceurs d'alerte selon la directive de l'Union européenne que la France va désormais appliquer. La mission du Défenseur des droits est concrète et diverse, elle trouve son fondement dans les principes politiques et juridiques qui sont au cœur de nos institutions démocratiques.

Je peux affirmer à ce titre que dans notre pays, certaines évolutions en cours nous éloignent de la stricte application des principes fondamentaux du droit.

L'État de droit fragilisé en France

Les états d'urgence, d'abord. Quand ils sont temporaires, ils préservent l'État de droit, mais ils le compromettent lorsque les dispositions exceptionnelles rentrent légalement dans le droit commun. On sait que depuis la loi SILT (sécurité intérieure et lutte contre le terrorisme) du 31 octobre 2017, quatre dispositions de l'état d'urgence ont été transposées dans le droit ordinaire sous le contrôle du juge : la possibilité pour le préfet de procéder à la fermeture administrative de lieux de culte, de décider des mesures de surveillance contre des individus suspects. La loi modifie également les dispositions relatives aux perquisitions administratives et aux assignations à résidence. Ces mesures restrictives de liberté ont été mises en place à la faveur de l'état d'urgence antiterroriste, en particulier l'assignation de quatre heures sans contrôle.

On a assisté à la victoire, au Parlement et dans l'opinion publique, d'une logique de suspicion. Les dispositions légales ont servi de primes d'assurance contre le terrorisme, alimentant l'illusion selon laquelle tout risque était éradiqué. Le droit pénal antiterroriste est ainsi devenu une sorte de droit préventif, ce qui contrarie nos principes de légalité et de proportionnalité. En relevant le déséquilibre entre autorité administrative et autorité judiciaire, j'évoquais en 2017 devant la Commission des lois de l'Assemblée nationale un « droit administratif de la prévention du terrorisme ». Mon amie Mireille Delmas-Marty l'a encore mieux écrit :

« D'un droit pénal de la responsabilité, qui fonde la punition sur la preuve de la culpabilité et la proportionne à la gravité de la faute, nous basculons vers un "droit pénal de la sécurité", un droit policier, voire guerrier, qui traite le suspect en criminel en ennemi hors-la-loi. Neutralisant la présomption d'innocence et remplaçant la responsabilité par une dangerosité indémontrable, ce droit sécuritaire ajoute à la punition une "mesure de sûreté" à durée indéterminée[3]. »

L'antiterrorisme ne saurait devenir la seule doctrine en matière de sécurité dans nos États démocratiques sans nuire gravement à l'État de droit. Les dirigeants politiques et le législateur

3. « Mireille Delmas-Marty : "Nous basculons vers un droit pénal de la sécurité, qui traite le suspect en criminel" », *Le Monde*, 23 octobre 2020.

doivent garantir que l'exception ne sera pas la règle, ni la loi temporaire la loi permanente. Laurent Fabius, président du Conseil constitutionnel, a prononcé une juste mise en garde le 14 novembre 2020 dans un entretien au *JDD* : « Gardons-nous de sacrifier les valeurs qui nous différencient fondamentalement de ceux qui nous attaquent, à commencer par le principe de dignité de la personne humaine. »

Ces dernières années, d'autres tentatives ont été faites pour suspendre les libertés fondamentales. L'exemple le plus déplorable est celui des propositions de loi agréées par le gouvernement qui voulait remettre en cause la liberté de manifester dans le cadre des mouvements populaires de la fin de l'année 2018 et du début de l'année 2019, les « Gilets jaunes ». La proposition de certains parlementaires aboutit à la loi du 10 avril 2019 dont l'article 3 prévoyait une interdiction individuelle administrative de manifester. Le Conseil constitutionnel, saisi entre autres par le président de la République, annula cet article mais autorisa en revanche les contrôles et fouilles sur réquisition judiciaire et la répression pénale de la dissimulation volontaire du visage. Je ne saurai mieux souligner l'importance de cette dérive qu'en reprenant à la lettre ce qu'écrit

Stéphanie Henette-Vauchez dans son dernier ouvrage *La Démocratie en état d'urgence* :

« [La loi du 10 avril 2019 avait été additionnée d'une] nouvelle mesure : l'interdiction administrative individuelle de manifester (IAIM), qui devait pouvoir être édictée par le préfet à l'encontre des personnes représentant selon lui une menace grave pour l'ordre public [...] L'IAIM a certes été censurée par le Conseil constitutionnel ; mais seulement pour des motifs tenant à l'insuffisante précision du texte, de sorte qu'elle peut très bien revenir à la faveur d'une initiative législative future. [...] Et comme si ce texte ne suffisait pas, le régime de la liberté de manifester sera encore durci peu après par un décret du 20 mars 2019 venant créer une contravention pour participation à une manifestation interdite : l'exercice de la liberté de manifester peut donc désormais être pénalisé, y compris lorsqu'il en est fait un usage strictement pacifique, sur le seul fondement du critère de l'illicéité de la manifestation[4]. »

Comme l'invoquait déjà en 2018 le rapport de recherche rédigé par le CREDOF de l'université

4. *La Démocratie en état d'urgence, Quand l'exception devient permanente*, Paris, Seuil, « Le Compte à rebours », 2022.

Paris Nanterre sous la direction de la professeure Hennette-Vauchez, « Ce qui reste(ra) toujours de l'urgence », étude soutenue par le Défenseur des droits, « c'est sur la centralité même des droits et libertés dans nos ordres juridiques et politiques qu'une expérience comme celle de l'état d'urgence invite à réfléchir. » J'ajoute : l'état d'urgence, ainsi que tout ce qui depuis vingt ans tend à créer un déséquilibre entre l'exigence de la sécurité et la garantie des droits et des libertés.

Dans mon dernier rapport annuel d'activité de Défenseur des droits, j'écrivais : « Les terroristes perdent les guerres armées, mais gagnent la bataille de la démocratie en contraignant les pays libres à transiger sur les principes de l'État de droit ».

L'État de droit sauvegardé

L'état d'urgence n'a cependant pas été inscrit dans la Constitution comme le voulait un projet de loi de 2016. Confusément ou explicitement, il a été admis qu'il doit demeurer un état de crise temporaire et aux marges de l'ordre juridique. Il a d'ailleurs été perfectionné depuis 2015 pour accorder plus de garanties aux droits individuels : encadrement des assignations et perquisitions ; abrogation des interdictions individuelles de séjour ; information du Parlement ; contrôle externe par les médias ; contrôle systématique par le Conseil constitutionnel, soit qu'il vérifie la loi votée avant sa promulgation, soit qu'il soit saisi d'une question prioritaire de constitutionnalité ; appréciation par le juge pénal de la légalité des mesures selon le nouvel article 111-5 du Code pénal qui dispose que « les juridictions pénales sont compétentes pour interpréter les actes administratifs, réglementaires ou individuels et pour en apprécier la légalité lorsque, de cet examen, dépend la solution du procès pénal qui leur est soumis. » L'autorité judiciaire, gardienne des libertés individuelles, décide de la prolongation de la détention provisoire.

Des efforts de perfectionnement juridique de l'état d'urgence ont été accomplis par le législateur grâce à la jurisprudence administrative et judiciaire ; aussi sous l'influence des avis du Défenseur des droits. Ainsi l'état d'urgence contre la pandémie de la Covid-19 n'a pas été rattaché à la loi fondatrice de 1955, mais institué par un décret du 16 mars 2020 appuyé sur la théorie jurisprudentielle des circonstances exceptionnelles, puis ratifié par une loi du 23 mars 2020 inspirée du dispositif de la loi de 1955, agrémentée d'un conseil scientifique et d'un suivi parlementaire.

Les mesures décidées par ces textes furent ratifiées par le Conseil constitutionnel. Il considère qu'elles assurent « une conciliation équilibrée entre l'objectif de protection de la santé et le respect des droits et libertés ». Le juge administratif a pour mission de s'assurer que les mesures prises sont proportionnées aux risques sanitaires encourus et appropriées aux circonstances. Les outils de la juridiction administrative à disposition du justiciable et du juge ont été décisifs pendant cette période d'état d'urgence sanitaire : le référé-liberté a permis de répondre à l'urgence de remédier aux mesures juridiques manifestement excessives, le contrôle de proportionnalité de mesurer les interventions de la police et le recours en responsabilité de réparer les dommages sans que l'administration soit nécessairement mise en cause.

Le contrôle du juge rattache donc l'état d'urgence à l'État de droit.

L'État de droit s'est « défendu » contre l'état d'urgence grâce à la vigilance des juges capables de juguler l'arbitraire. Mais jusqu'à quand ?

Nous devons continuer à lutter contre la normalisation douce, voire la légalisation, de l'illégal. Le mandat que j'ai exercé pendant six ans comme Défenseur des droits de la République française m'a permis de comprendre toute la portée de l'État de droit pour chaque individu dans un pays où il est respecté. Défendre les libertés et les droits fondamentaux, ce n'est pas pérorer dans des réunions ou aligner des positions théoriques. C'est empêcher la mise en cause de la liberté de manifester, réclamer une enquête sur une interpellation qui a mal tourné, rétablir les allocations familiales d'une mère seule.

L'État de droit garantit, de manière classique, la mise en œuvre des principes fondamentaux et des valeurs universelles qui sont la traduction des droits de l'homme. Il assure aussi la mise en œuvre des droits des individus que l'on a coutume d'appeler, dans nos systèmes mixtes de protection sociale, des droits créances, sorte de papier monétaire que chacune et chacun pourrait présenter à la collectivité afin d'être crédité. C'est en quoi l'État de droit n'est pas une affaire seulement pour les théoriciens, les juges, les politiques ou pour les organisations internationales, mais pour tous. Sa vigueur garantit la force de la démocratie, son recul prépare son déclin.

Au nom de ce principe, je me suis associé, en juin 2017, à la décision du Conseil constitutionnel qui a censuré le pouvoir donné au préfet d'interdire de séjour, à certains endroits et à certaines dates, des personnes « cherchant à entraver l'action des pouvoirs publics ». Plus récemment j'ai fait en sorte que la liberté de manifester ne soit pas transformée en autorisation de manifester à la suite d'un projet de loi sur la sécurité générale. Un mois à peine avant la fin de mon mandat de Défenseur des droits, en juin 2020, j'ai rappelé au président de l'Assemblée nationale qu'en octroyant à l'autorité administrative le pouvoir d'édicter à nouveau des mesures générales de limitation, voire d'interdiction de rassemblement sur la voie publique, le projet de loi portait une atteinte disproportionnée à la liberté fondamentale de manifester.

À Calais, aux côtés des associations humanitaires et en accord avec les décisions des magistrats, j'ai combattu pour que les migrants entassés dans les bidonvilles se voient reconnaître un minimum de droits, ne serait-ce que celui d'être nourri et soigné. Le Conseil d'État a reconnu le 23 novembre 2015 que ces personnes avaient fait l'objet de « traitements inhumains et dégradants ».

D'une autre trempe est l'affaire du jeune Théo, grièvement et irréversiblement blessé à la suite d'un contrôle de police à Aulnay-sous-Bois. Ce fut une longue procédure à l'issue de laquelle le Défenseur des droits publia en 2020 un avis accablant, préfigurant la décision du parquet de renvoyer aux assises trois des policiers accusés de coups et blessures. L'audiencement n'est pas encore décidé mais on peut espérer qu'à l'issue du procès le jeune homme retrouvera, malgré son handicap à vie, une certaine estime de soi.

Je citerai également l'instauration, dans une loi de 2018 sur les relations entre les citoyens et l'État, d'un droit à l'erreur qui permet aux pouvoirs publics d'accorder une marge d'erreur aux administrés avant de les sanctionner ou de leur retirer des droits. Même si le principe selon lequel « nul n'est censé ignorer la loi » demeure valide, cette mesure traduit une autre compréhension de la relation entre les pouvoirs publics et les citoyens.

Dans le domaine des discriminations dont je parlerai davantage plus loin, nous avons fondé notre travail sur une grande enquête en population générale de 2016 qui décrivait très exactement les sentiments des personnes interrogées sur leur situation à l'égard de la mise en œuvre des droits. C'est de cette enquête qu'était sortie en particulier l'information selon laquelle les jeunes d'origine étrangère, d'abord perçus comme arabes ou noirs, risquaient d'être contrôlés vingt fois plus souvent que les autres personnes appartenant à la population majoritaire.

Le « contrôle au faciès », dénoncé dès la création du Défenseur des droits par mon prédécesseur Dominique Baudis, a été reconnu en 2016 par la Cour de cassation et depuis lors sanctionné comme une faute lourde. De même, la notion de discrimination systémique a trouvé place dans nombre de décisions relatives aux personnes handicapées, aux personnes âgées, aux domaines du logement ou de l'emploi.

Une autorité administrative indépendante a vocation, sinon à créer du droit, du moins à en révéler les principes et les exigences. Ainsi je me suis attaché particulièrement au sort des enfants étrangers que l'on appelle dans le jargon administratif les « mineurs isolés » ou « mineurs non accompagnés ». J'ai également obtenu, trente ans après l'adoption de la Convention internationale des droits de l'enfant, que la pratique de la fessée soit interdite par la loi.

Les personnes handicapées illustrent, hélas, de façon particulièrement frappante, que le droit ne s'applique pas de la même façon à toutes et à tous. Beaucoup de progrès restent à faire, mais les efforts d'intégration sont indéniables.

Voilà ce qui peut être résumé de l'action de l'organisme libre et indépendant qui a pour objectif de garantir ou de rétablir l'égalité et la dignité humaine, sans faire appel aux procédures contentieuses, mais en appliquant simplement, en toute liberté et objectivité, le droit tel qu'il existe ou tel qu'il serait humainement souhaitable qu'il devienne. Car je sais bien que le droit ne flotte pas de manière éternelle dans le ciel des idées, il naît des échanges qui ont lieu au sein de la cité, des confrontations et même des différends.

Quand il n'est qu'un instrument, le droit peut être l'objet des pires instrumentalisations. Ce fut le cas de l'Italie en 1922, de l'Allemagne en 1933 ou de la France en 1940. En amont d'un acte juridique, le débat est bien entendu nécessaire. Mais aujourd'hui les conditions sont rarement réunies pour mener un débat serein. Les positions à l'emporte-pièce prévalent souvent, notamment par le biais des réseaux sociaux qui court-circuitent le temps nécessaire au développement et à l'expression de la pensée. On préfère haïr ou s'indigner de manière anonyme plutôt que penser à visage découvert en présence d'interlocuteurs. Les médias avides de moments de télévision favorisent ce climat électrique d'agressivité.

La violence latente dans la société sur l'expression des idées prend en outre une forme inquiétante dans les collèges et les lycées. Beaucoup d'élèves renoncent à la liberté d'expression par peur d'être harcelés ou jugés.

Si le débat est difficile, il est néanmoins indispensable en ce moment où nous devons prendre à bras-le-corps la réflexion quant à la vie commune sur notre planète. La crise climatique nous presse d'accéder à l'idée d'un monde global qui réalise une solidarité des souverainetés au lieu du « sans frontières » de l'économie capitaliste. Cette solidarité organiserait une gouvernance mondiale fondée sur l'État de droit, les principes fondamentaux de la démocratie et la protection des valeurs universelles, en particulier l'égalité entre toutes et tous.

Pour éviter la lame de fond autoritaire qui submerge bien des pays, je ne vois que la réponse du droit. À travers les mécanismes de notre République, le contrôle de constitutionnalité, le contrôle de conventionnalité, le contrôle de proportionnalité, il nous donne des solutions pour mettre en œuvre nos libertés au profit de tous. Le droit n'est pas seulement un outil mais une philosophie de la personne et de la société. La nation affirmée autrefois dans la guerre, il faut aujourd'hui la réaliser autrement, notamment par la voie de la culture. J'ai conduit ce combat lorsque j'étais ministre de la Culture et de la Francophonie. Je me suis engagé pour la défense de la langue française mais aussi pour que nous soyions conscients des rencontres et des métissages qui ont constitué notre culture, que nous appréciions les croisements avec ce qui nous vient d'ailleurs, que nous devinions ce qu'il y a d'étranger dans ce qui nous semble le plus familier. L'ouverture culturelle est une ouverture aux cultures. La nation n'est pas une maison sans porte ni fenêtre.

Chapitre 2

La tyrannie de l'identité

« Voir midi à sa porte », regarder toutes choses de son seul point de vue, cette locution traduit un comportement humain largement répandu dans la vie quotidienne. Nous envisageons naturellement les questions selon nos intérêts propres, nous préférons notre imaginaire, ce qui nous ressemble et nous identifie. Mais la philosophie politique, en formulant les principes fondamentaux des démocraties, nous a permis de dépasser cette étroitesse de vue. Elle a déclaré que le bien commun et l'intérêt général devaient gouverner les décisions et les comportements. Penseurs et acteurs politiques de droite ou de gauche ont partagé cet idéal commun pendant deux siècles. Il n'en est plus ainsi. Les identités, les classes, les communautés d'intérêts dictent de plus en plus fréquemment leur loi.

La revendication identitaire se radicalise

À rebours des principes qui fondent nos sociétés démocratiques depuis plus de deux siècles, de véritables idéologies de l'inégalité et de la ségrégation sont désormais à l'œuvre.

L'identité, nécessaire à la reconnaissance individuelle et aux interactions collectives, est appelée à être en mouvement, qu'elle soit collective ou individuelle. Elle s'enrichit et se construit à travers les rencontres, les épreuves et les événements historiques. Cela nécessite certes d'être ancré dans une tradition, une terre, une culture, mais être enraciné ne signifie pas prendre racine. Or, les temps sont au repli sur soi et à l'agressivité envers tout ce qui semble autre, étranger, différent. Une grande partie des personnalités et des organisations politiques s'expriment à présent au nom d'une identité, d'une communauté exclusive des autres. Il ne semble plus douteux ni antidémocratique de penser les relations sociales et interpersonnelles dans un cadre identitaire et discriminatoire. Une idéologie de l'inégalité et de la ségrégation se diffuse au cœur des sociétés les plus avancées en démocratie.

Un exemple dramatique en fut encore donné en janvier 2022 lorsqu'un candidat à l'élection présidentielle préconisa de mettre fin à la politique d'inclusion scolaire des enfants et adolescents handicapés. Ce type de position ouvre la voie à une politique de discrimination systémique. Plus grave encore, les succès récents du populisme et de la démagogie sont souvent fondés sur des analyses fausses, la divulgation de *fake news* et de théories du complot. L'universalisme, gage de démocratie, d'État de droit, d'égalité et de liberté, est battu en brèche à coup de contre-vérités. Jean-Yves Heurtebise, professeur d'histoire et de philosophie à l'université de Taïpeh, écrit lucidement : « La plénitude de l'âme au contact de l'universel est remplacée par le contentement de sa propre singularité : le plaisir de se sentir soi, surtout "pas comme les autres[5]". »

Ce nouveau repli identitaire a plusieurs origines : économique, sociale et politique.

5. « L'Europe somnambule dans l'insoutenable fragilité du monde », in *RED*, n° 3, décembre 2021, pp. 176-181.

L'angoisse de la mondialisation

La mise en avant de l'identité est d'abord la réponse des peuples et des nations à la globalisation économique. Les peuples ainsi que celles et ceux qui les représentent veulent se protéger contre une économie sans frontières qui implique des règles valables sur l'ensemble de la planète. La globalisation, selon l'analyse du politologue Stéphane Rozès, s'oppose aux imaginaires différents des peuples, aux cultures particulières, à l'enracinement.

La présente globalisation, plus violente que la mondialisation des temps modernes, relève d'une doctrine néolibérale qui remonte à une certaine conception du progrès propre aux Lumières. Selon Condorcet, le progrès doit prévaloir sur les us et coutumes des peuples. Il n'est pas destiné à maîtriser en commun les finalités de chaque homme, il a sa finalité en lui-même. Le néolibéralisme de Condorcet s'oppose alors au libéralisme de Montesquieu pour lequel les lois expriment des rapports qui dérivent de la nature des choses. Le droit prend en charge les hommes tels qu'ils sont, non tels qu'on voudrait qu'ils fussent. La mesure du progrès, c'est l'homme, et non l'inverse.

Condorcet, au contraire, rejette toute relativité et tout pluralisme. Il fonde des lois universelles sur un principe d'équité qui détermine la vérité et la justice. Il anticipe qu'avec ses fondements, de manière mathématique, le progrès pourra être indéfini.

Montesquieu est historien, pour lui la raison doit faire avec les impuretés de la réalité. Condorcet est géomètre, pour lui elle suffit à déterminer ce qui sera droit.

La globalisation capitaliste contemporaine relève du libéralisme de Condorcet. Les conséquences de la mondialisation sur les cultures particulières expliquent la révolte des populations au nom du local et de l'exception culturelle, économique ou sociale. La rébellion s'incarne aussi bien dans les revendications identitaires que dans des mouvements tels que celui des Gilets jaunes.

L'Union européenne est particulièrement concernée par cette tension entre l'universalisme libéral et le respect des peuples. Le génie européen a été, en effet, celui de l'émergence des nationalités, des cultures particulières mais aussi des démocraties contre les monarchies, des droits de l'homme, de la raison émancipatrice, des sociétés de la protection sociale contre les hasards inégalitaires de la compétition économique. La globalisation néolibérale est efficace et financièrement fructueuse, elle s'adapte au cours des choses. Mais l'adaptation ne devrait être qu'un moyen pour réaliser les fins propres de l'homme : la vie bonne et la justice. La globalisation ne répond pas à cette demande d'amour et de justice, seulement à celle de l'individuation, des droits créances et des libertés individuelles ; elle est indifférente aux devoirs et aux libertés collectives.

Face à elle, il est normal que les peuples se trouvent désemparés. Ils se savent interdépendants tout en se sentant séparés, voire exclus. Ils refusent d'être dépossédés de leur destin. Ils se replient sur leur histoire, leur imaginaire et leur culture. Le multilatéralisme est remis en cause, l'ONU demeure évanescente, les gouvernements optent pour le protectionnisme et la course aux armements. Sauver l'identité est une manière de conjurer la menace existentielle à laquelle ce monde ouvert expose chacun.

Le ressentiment social

La revendication identitaire traduit aussi un ressentiment social. Les mouvements sociaux récents du type de celui des Gilets jaunes ou le mouvement Podemos en Espagne ne portent pas des revendications catégorielles ou corporatistes mais exhalent une plainte plus fondamentale.

Ils refusent la place assignée dans la société à certaines catégories de la population qui sont exclues du progrès social et économique, à certaines professions ou régions marginalisées. Ils contestent la relation indifférente ou arbitraire qui leur est imposée par des dirigeants assimilés à une élite protégée par ses privilèges, et par un suffrage universel qui ne leur paraît plus garantir qu'ils sont représentés. Les mouvements « antivax » et « anti-pass » illustrent également ces réflexes de peur face à des décisions qui paraissent arbitraires et bureaucratiques. Ils sont entretenus par la multiplication des fausses informations qui alimentent le complotisme. La méfiance traditionnelle envers toute source officielle d'information, envers les institutions et les autorités, a viré, dans le contexte sanitaire, à la paranoïa. La condamnation et le mépris dont les « antivax » ont été l'objet n'ont pas contribué à apaiser une population qui se sent fragilisée et dépendante.

Les discriminations persistantes et systémiques, notamment dans l'emploi et le logement, renforcent le sentiment d'inégalité de traitement et de destin. Selon des rapports récents, les chances d'embauche sont moindres pour les jeunes de 18 à 34 ans perçus comme noirs ou arabes. La discrimination selon la race et la nationalité est à l'œuvre dans l'ensemble des domaines de la vie sociale[6]. La moitié de ces jeunes déclarent avoir été témoins de discrimination ou de harcèlement discriminatoire. Les clivages politiques et les attitudes électorales se font l'écho de cette dérive vers les facteurs identitaires.

Dans l'ouvrage *Clivages politiques et inégalités sociales*[7], une vingtaine de chercheurs constatent que les partis de gauche ne profitent pas de la forte augmentation des inégalités que connaissent depuis quarante ans les pays démocratiques. Au contraire, les partis nationalistes et les personnalités populistes de droite et d'extrême droite ne cessent de progresser. Si les électeurs qui appartiennent à des minorités ethniques ou raciales votent encore à gauche, les personnes à revenus faibles ou moyens, et particulièrement les moins éduqués, s'orientent de plus en plus à droite. Pour en rendre compte, les auteurs avancent deux hypothèses.

---

6. Selon l'étude publiée le 24 novembre 2021 par l'Inter service migrants et l'Institut des politiques publiques et le baromètre Défenseur des droits-Organisation internationale du travail consacré en 2021 à la perception des discriminations dans l'emploi par les jeunes de 18 à 34 ans.

7. Sous la direction de Amory Gethin, Clara Martínez-Toledano et Thomas Piketty (Paris, EHESS/Gallimard/Seuil, « Hautes Études », 2021).

Selon la première, ceux qui ont été laissés en marge du système éducatif ont abandonné la gauche car elle a remplacé, au début du millénaire, la promesse d'une ascension sociale de tous par celle de la récompense de l'effort scolaire. La seconde hypothèse avance qu'à partir des années 1980, les ouvriers et employés victimes des ajustements financiers, des délocalisations et du chômage ont perçu les frontières de l'État national, le souverainisme ou le repli sur sa communauté (nationale, ethnique, religieuse, culturelle) comme des remparts contre les effets de la globalisation dont ils se tenaient pour victimes.

Récemment encore, Frédéric Salat-Baroux, ancien secrétaire général de la présidence de la République, décrivait la crise morale que nous traversons du fait des inégalités croissantes et nous alertait sur la méfiance, le ressentiment et la haine qui gagnaient une société clivée. Beaucoup se sentent abandonnés car l'État n'impose plus au marché de respecter des impératifs sociaux et politiques. Les territoires et les solidarités du quotidien semblent les ultimes refuges contre cet abandon. Ceux qui y croient encore exigent de l'État qu'il assume ses obligations en matière de sécurité et prépare l'avenir. Mais l'identité et l'autorité sont mises en avant pour s'opposer aux élites, à la modernité et à l'ouverture. Les démocraties sont en état de siège.

L'exhibition de l'identité nationale

Enfin, la revendication identitaire explique l'exacerbation spectaculaire et croissante des nationalités et des ethnicités. Le Brésil et l'Inde sont de très vastes systèmes démocratiques qui ont pris le tournant de l'autoritarisme, l'un en flattant la brasilianité et en s'appuyant sur des Églises évangéliques fondamentalistes, l'autre en attisant le conflit entre hindouistes et musulmans, traités comme des boucs émissaires. La Chine, au sein d'un système autocratique à parti unique, conduit un génocide culturel et religieux des Ouïghours musulmans, le PC chinois s'identifiant aux seuls Hans.

Des pays européens très différents sont saisis du même prurit autoritaire. La Pologne est en voie de devenir une nouvelle catégorie de régime politique dans les manuels de droit constitutionnel. Le tournant remonte à avril 2010, lorsque l'avion transportant le président Lech Kaczyński et le gouvernement s'est écrasé près de Smoleńsk. Aucun passager n'a échappé à la mort. Depuis lors, le PiS (parti Droit et justice) dirigé par le frère du défunt n'a eu de cesse de dénoncer dans l'accident un complot et de réduire les droits et libertés des Polonais et des Polonaises.

Les pays du Nord succombent aussi à la tentation, à travers des politiques hostiles à l'immigration et complaisamment assumées. La Norvège, la Suède, le Danemark, les Pays-Bas adoptent des législations de fermeture et d'exclusion sous l'influence de partis d'extrême droite, au sein des gouvernements ou en dehors d'eux. Des partis de même sensibilité agissent en Flandre belge et en Allemagne avec l'AFD (*Alternative für Deutschland*).

L'Europe du Sud dévie aussi. La Liga lombarde et ses alliés napolitains sont puissants en Italie. En Espagne, sortie de la dictature franquiste il y a un peu plus de quarante ans, le parti VOX, d'extrême droite, appartiendra à la future majorité si la droite n'a pas d'autre choix d'alliance. Ce parti tient le langage nationaliste du franquisme et avance un programme qui, derrière le slogan « refaire un grand pays », propose ouvertement que l'Espagne revienne au temps d'Isabelle la Catholique. Les immigrés doivent être expulsés, les juifs bannis et l'indépendance rendue à la Catalogne, car elle n'appartient pas à l'Espagne historique réunie autour de la Castille. N'est-ce pas là le « nationalisme ethnique » inventé en 1910 par Henri Clouard, membre de l'Action française, dans son ouvrage *La « Cocarde » de Barrès* ?

L'identitarisme affecte également l'engagement religieux, qui voisine de plus en plus avec le fondamentalisme et l'intolérance. Les religions sont des structures idéologiques et politiques qui, au-delà de la foi, s'imposent aux croyants et les motivent. Les évangélistes au Brésil exercent ainsi une influence décisive sur le président Bolsonaro ; l'Inde exacerbe les conflits entre hindouistes et musulmans, les hindouistes étant soutenus inconditionnellement par le pouvoir ; en Pologne et en Hongrie l'Église catholique est mise à contribution ; aux États-Unis les religions réformée et catholique connaissent toutes une évolution préoccupante vers des positions extrêmes, dont le retour sur la légalisation de l'avortement.

Le phénomène le plus violent réside dans la croisade que mènent les Églises évangéliques aux États-Unis, regroupées notamment sous la bannière du Black Robe Regiment, en faveur d'une réélection de Donald Trump. Certains pasteurs parlent de l'âme de l'Amérique en péril et annoncent la guerre civile. Les Églises, quelles que soient les confessions, connaissent toutes une évolution vers les extrêmes alors que les fidèles se raréfient d'année en année. Les communautés religieuses ont de plus en plus tendance à se transformer en commandos de propagande ou de violence.

Rien n'est comparable pour autant aux massacres perpétrés par des individus ou des groupes se réclamant d'un islam de conquête, rejetant toute loi civile et projetant d'établir leur pouvoir partout où règnent la démocratie et les valeurs humanistes. Leur pureté doctrinale suppose l'élimination politique et physique de tous ceux qui ne partagent pas leurs croyances.

L'exaltation de l'identité nationale ou particulière exige également que le passé soit magnifié, les récits embellis et l'histoire falsifiée dans le sens des intérêts communautaires. Le présent est condamné et l'avenir peint aux couleurs de l'insécurité physique et sociale et du déclassement collectif. En revanche le passé revisité semble une ressource de sens, de bonheur et de prospérité. « [En livrant] sans défense, la masse des lecteurs aux faux brillants d'une histoire prétendue, [...] les partis pris politiques pensent se racheter par une immodeste assurance », écrivait Marc Bloch au temps de la Résistance, dans *Apologie pour l'histoire ou Métier d'historien* (1949). Comme le dit pertinemment Johann Chapoutot, historien et spécialiste de l'Allemagne: « L'histoire, dit-on, est la science du passé [...] une école d'avenir[8]. »

L'histoire a toujours fait l'objet de projets de manipulation et de falsification visant à servir une ou des identités déterminées. C'est particulièrement le cas aujourd'hui. Le récit, qui fait l'histoire, est au fondement de l'identité; la démarche des identitaristes repose sur la distinction entre la réalité du passé et le discours tenu sur cette réalité. Ils accusent les historiens d'avoir déconstruit l'histoire de France, qu'ils conçoivent comme « la vie des hommes illustres ». Et d'accuser que l'histoire officielle ne serait plus une histoire de France, mais une histoire des Français. Sont ainsi dénoncées des tentatives pour faire une histoire de l'immigration en France, contestées par des approches identitaristes et essentialistes. Si l'apparition de nouveaux objets historiques comme la colonisation, les immigrés, les femmes ou les enfants, tous négligés jusqu'à maintenant, doit être encouragée, ce n'est pas au mépris de la méthode historique et dans le rejet de toute scientificité. Selon Gérard Noiriel, historien qui occupe une position éminente dans l'histoire de l'immigration,

8. *Les 100 mots de l'histoire*, Paris, PUF, « Que sais-je ? », 2021.

l'essentialisme consiste à « généraliser à toute une "race", à toute une "communauté", à tout un "peuple" des observations qui ne valent que pour une infime minorité d'individus[9]. » C'est faire le choix d'un point de vue et le hisser au statut d'universel. C'est assumer la dialectique rance du « eux et nous » qui caractérise toutes les histoires identitaires contre le souci des faits.

La Russie vient de s'inscrire dramatiquement dans le mouvement. L'hubris caricaturale de son président l'a entraîné dans une guerre à l'Ukraine, publiquement justifiée par un retour sur l'histoire récente de l'Union soviétique et ancienne de l'empire des tsars. Combat identitaire, volonté suprématiste, jusqu'à la mort de l'autre…

Les nouveaux moyens de diffusion, les nouvelles technologies de l'information donnent une audience sans concurrence à ceux et celles qui préfèrent la contre-vérité à la vérité, la théorie du complot à l'information. Le fait complotiste le plus caricatural a consisté à nier la réalité de la destruction du World Trade Center, le 11 septembre 2001. Mais la contre-vérité se glisse jusque dans les propos qui semblent raisonnables et prétendent mener un combat « courageux »

9. *Le venin dans la plume, Édouard Drumont, Éric Zemmour, et la part sombre de la République*, Paris, La Découverte, 2019.

pour la vérité contre une histoire dénaturée. Ainsi, lorsque le gouvernement de Vichy est crédité de mérites inexistants dans la protection des Français juifs entre 1940 et 1945.

La démocratie tient compte en son fondement du désir de reconnaissance qui caractérise l'être humain. La Constitution républicaine et la Déclaration des droits de l'homme et du citoyen assument que cette reconnaissance est celle de l'humanité en chacun et chacune et des droits qui y sont attachés. La démocratie reconnaît un homme dans son égalité avec tous les autres et dans les droits qu'il partage, pas dans son identité, ses différences, ni dans ce qui le sépare ou le distingue des autres. La démocratie s'est élaborée contre la distinction et la séparation des êtres humains au sein d'une communauté humaine, afin que chacun accède à la même dignité et à la même visibilité. Or nous ne sommes plus dans une logique d'égalité où l'on se doit de donner une place égale à ce qui est différent mais dans une logique d'identité où chacun pense incarner un soi si radicalement autre des autres que ceux-ci ne peuvent contrarier sa liberté et menacer sa survie.

Le combat pour la démocratie n'est donc pas un combat pour l'identité.

Chapitre 3

Les minorités contre l'égalité

L'identitarisme n'affecte pas seulement les peuples et les nations. Il menace l'individu moderne au cœur même de ce qui le constitue : sa liberté et son autonomie. Au nom de ces grands principes démocratiques, au nom de la reconnaissance légitime des minorités, une idéologie de la différence se met en place avec ses censures et ses interdits. Le respect devient une terreur, la reconnaissance une tyrannie. J'y suis d'autant plus sensible que j'ai eu à cœur, toute ma vie, de rendre visibles les êtres les plus fragiles et les plus précaires de notre société. J'ai combattu pour leur reconnaissance et leurs droits. Mais l'américanisation des mœurs et le refus de l'égalité au nom de l'identité qui se traduisent par l'expansion de la culture *woke* et de la *cancel culture* m'inquiètent et me désolent.

L'intersectionnalité, un concept utile

En tant que Défenseur des droits j'ai pourtant amplement bénéficié des concepts issus des *cultural studies*. J'ai ainsi contribué à proposer une lecture intersectionnelle des discriminations. L'intersectionnalité est aujourd'hui fortement décriée par des féministes, des essentialistes, des marxistes ou des classiques. Elle consiste pourtant à prendre en compte la simultanéité, au sein d'une situation de discrimination, de plusieurs facteurs de domination comme le sexe, le genre, la race, la classe. Je ne regrette pas d'avoir eu recours à ce concept et j'en affirme la validité et l'utilité. La sociologue Colette Guillaumin, une des « pionnières » de l'intersectionnalité, écrivait dès 1972 que les groupes altérisés « sont sociologiquement en situation de dépendance ou d'infériorité [10] ». Aux États-Unis, un *Black feminism* s'est mis en place lors du mouvement des droits civiques dans les années 1970 pour

10. *L'Idéologie raciste, Genèse et langage actuel*, Nouvelle édition, Paris, Gallimard, « Folio essais », 2002.

rendre compte d'une discrimination double et par conséquent redoublée. Les femmes noires ne trouvaient pas de place dans les mobilisations féministes puisqu'elles étaient noires, ni dans les mobilisations anti-raciales parce qu'elles étaient des femmes.

La juriste américaine Kimberlé Crenshaw a inventé dans les années 1990 le concept de l'intersectionnalité pour lutter plus efficacement contre les discriminations. Emmanuel Beaubatie, sociologue à qui le Défenseur des droits a décerné son prix de thèse, préfère le concept de « nœuds d'enchevêtrement » pour décrire la combinaison néfaste de facteurs d'exclusion. La perspective intersectionnelle qui analyse l'articulation des rapports de domination dans un même sujet donne toute son efficacité à la lutte contre les inégalités. J'ai moi-même vu à l'œuvre, dans des situations concrètes, la nocivité de ces nœuds qui défavorisent ou excluent, dans un millefeuille de discriminations, les individus les plus vulnérables. Notre idéologie républicaine de l'intégration, qui a longtemps requis d'effacer les différences ethniques et culturelles pour accéder à la citoyenneté, a limité notre accès à cette réalité, on doit le reconnaître lucidement.

La spirale des discriminations

Deux enquêtes françaises ont pourtant bien mis en lumière le phénomène de redoublement des discriminations.

La première, « Trajectoires et origines », de l'INED (Institut national d'études démographiques), montre les inégalités dont souffrent en particulier les jeunes issus de l'immigration. Elle met au jour l'existence en France de sous-sociétés fondées sur l'exclusion sociale, le partage d'une ethnicité ou d'une religion. Des phénomènes de ségrégation de fait et d'autonomisation culturelle favorisent les discriminations de toute nature[11].

Quant à l'enquête « Accès aux droits », conduite en 2016 sous la direction de Nathalie Bajos, par le Défenseur des droits, elle a été pour moi fondatrice, tant dans sa méthodologie (ressenti déclaré de plus de 5 000 personnes interrogées) que dans ses résultats, qui ont renforcé mon attention aux systèmes de discrimination. Elle fournit une analyse sociologique du parcours d'accès aux droits et identifie concrètement

11. L'enquête « Trajectoires et origines » de l'INED a été effectuée en 2008-2009 et publiée dans son ensemble en 2016. Elle a été de nouveau mise en œuvre en 2019-2020, sous la direction de Cris Bauchemin et Patrick Simon.

les enjeux du redoublement des discriminations. Elle fait apparaître, par exemple, que le fait d'être une femme en âge d'avoir des enfants, le fait d'être perçu d'origine non européenne et d'être en situation de handicap aggravent d'une manière alarmante le risque de discrimination à l'embauche. L'intersectionnalité n'est plus un concept, c'est une réalité vécue.

Cette enquête a également prouvé un fait devenu notoire. Dans un contexte général de relations satisfaisantes entre la police et la population, certains groupes sociaux font état d'expériences contrastées. Ainsi 80 % des jeunes hommes (18 à 24 ans) perçus comme noirs ou arabes rapportent avoir été contrôlés au moins une fois dans les cinq dernières années par les forces de l'ordre, sans aucune raison. Par rapport à l'ensemble de la population, ces personnes ont une probabilité vingt fois supérieure d'être contrôlées.

En tant que Défenseur des droits j'ai traité, notamment, quatre affaires dans lesquelles la justice comme le Défenseur ont prouvé la réalité de la discrimination dans des situations complexes où se mêlaient le sexe, la position sociale et la dépendance, la couleur de peau et le statut administratif d'immigré.

Ainsi ont été condamnés les patrons d'un salon de coiffure du quartier Strasbourg Saint-Denis qui soumettaient leurs employées femmes issues de l'immigration à des horaires excessifs pour des salaires misérables. Ces salons de coiffure étaient spécialisés dans l'entretien des cheveux crépus.

Nous avons également été saisis du cas d'une vingtaine d'ouvriers du bâtiment sur un chantier de l'avenue de Breteuil qui étaient traités comme des esclaves, tenus quasiment prisonniers et soumis à des horaires inhumains.

Une autre discrimination particulièrement frappante a été dénoncée par le Défenseur des droits et condamnée par la justice. Il s'agissait d'un contrôle d'identité effectué par des agents de la sécurité de la SNCF sur trois élèves d'une classe d'un collège d'Île-de-France qui revenait de Bruxelles à la Gare du Nord. Les élèves contrôlés étaient d'une couleur de peau différente de celle de la majorité de la classe. La Cour d'appel a reconnu en juin 2021 une faute lourde de l'État.

Mais l'affaire la plus importante concerne plus de sept cents personnes. C'est celle des employés de la SNCF d'origine marocaine qui se virent refuser le statut social de cheminot. Vingt ans plus tard, la Cour de cassation a reconnu leurs droits à la suite d'une mobilisation syndicale tardive et des observations plus que vigoureuses du Défenseur des droits.

De manière générale, au vu des baromètres des discriminations à l'emploi établis annuellement par le Défenseur des droits et de l'examen des réclamations qu'il traite quotidiennement, il ne fait aucun doute que le risque d'être discriminé est sans comparaison d'une catégorie de personnes à une autre. Les enquêtes et les statistiques parlent : une femme noire ayant des enfants, vivant dans la région parisienne et occupant un logement social court plus de 50 % de risques d'être discriminée de différentes manières, alors qu'un homme blanc, de profession tertiaire, et vivant dans l'ouest de Paris, court moins de 15 % de risques d'être discriminé.

Les situations sont complexes. Elles renvoient à des paramètres variés et l'analyse intersectionnelle, comme la considération du caractère systématique de certaines de ces discriminations, sont indispensables pour que les pouvoirs publics, en particulier la justice, puissent y mettre fin. Cette attitude lucide, correspondant aux réalités vécues et ressenties par beaucoup de nos concitoyens, est la seule vraie réponse à des formes de désespérance ou d'hostilité qui se manifestent sur le plan politique. Le repli sur soi d'un grand nombre de ceux et celles qui vivent et subissent ces discriminations est légitime. Mais il n'est nul besoin d'y mettre de l'idéologie. La complexité des situations humaines et sociales se suffit à elle-même et nécessite des solutions juridiques et sociales de plus en plus exigeantes.

L'héritage de l'antiracisme

Le bien commun passe par la mise en œuvre des principes de l'universalité, le multiculturalisme et le respect des minorités. La revendication des identités individuelles a donc une légitimité à condition qu'elle demeure dans les limites du droit. Or ce n'est souvent plus le cas. L'affirmation de soi passe aujourd'hui par le lynchage, la dénonciation, la censure ou la revendication d'un privilège. Au nom du féminisme, à la suite du mouvement #MeToo, des hommes ont perdu toute réputation, parfois leur emploi et leur carrière. La présomption d'innocence, au fondement de notre droit pénal, a été dangereusement balayée. Les médias et les réseaux sociaux ont encore amplifié cette démission plus que regrettable. Aucune cause n'autorise à écarter du droit ni à compromettre la liberté d'expression. Le manque de soutien accordé par les féministes à la jeune Mila, menacée de mort par des islamistes, est tout aussi problématique. Elles ont préféré la censure, celle des propos de la jeune femme hostile à l'islam, à la protection des personnes et à la liberté d'opinion. Des minorités activistes ne respectent pas les valeurs universelles et finissent paradoxalement par rejeter l'égalité au nom des différences. La culture du déni ignore l'histoire et risque de reconduire toutes les discriminations.

Les identités minoritaires peuvent être d'ordre sexuel, racial, culturel, économique. Dans tous les cas la situation minoritaire recouvre à la fois une particularité et une situation de dépendance. La revendication de l'égalité qui est conforme à tous nos principes ne doit pas se confondre pour autant avec la recherche de nouveaux privilèges. L'épreuve des violences et de l'injustice conduit certains à vouloir effacer l'histoire, supprimer les particularités culturelles, nier les contextes. Désormais la question des discriminations, comme c'est déjà le cas aux États-Unis, est dominée par la pensée *woke*. Cette épithète désigne une posture systématique de vigilance, d'attention aux situations de racisme ou de sexisme peu visibles dont il faut prendre conscience.

Elle remet également en cause la rationalité héritée de la philosophie occidentale. Elle considère celle-ci comme l'instrument de la domination des ex-puissances coloniales sur le monde. Pour cette idéologie ce n'est pas tant la vérité qui compte que la situation de celui qui l'énonce. Il n'y a pas de vérité à chercher, il n'y a que des situations individuelles à juger, encourager ou anéantir.

Nous n'avons pas attendu la vogue du *woke*, pour dénoncer en France le racisme. Au lendemain de la Seconde Guerre mondiale, le principe de l'unicité de l'humanité a été admis et inscrit dans tous les textes nationaux et internationaux. L'anti-racisme était un combat moral contre des individus ou des groupes d'individus se comportant de manière raciste, et une réaction collective contre l'horreur de la Shoah.

La loi du 1er juillet 1972, dite Pleven, qui porte le nom du ministre de la Justice sous Georges Pompidou, René Pleven, compagnon du général de Gaulle et dirigeant éminent de la démocratie chrétienne, a inscrit dans le droit la nécessité de ce combat. Elle réprime la provocation à la discrimination, à la haine ou à la violence « en raison de l'appartenance à une ethnie, une nation, une race ou une religion déterminée ». Elle est en cohérence avec nos principes et nos règles constitutionnelles et s'est révélée globalement efficace. Elle a été pourtant férocement dénoncée par certains comme donnant satisfaction à toutes les minorités qui s'estiment discriminées et comme bâillonnant la liberté d'expression, d'autant plus qu'elle donnait le pouvoir aux juges. Pour les mêmes, il faudrait abolir le délit d'expression raciste au nom de la liberté d'expression, en répétant ce que le régime de Vichy fit en août 1940 en abolissant les décrets – lois Marchandeau de 1939 – contre la diffamation et l'injure. La loi Pleven marque l'âge moral de la lutte contre le racisme.

Porter les inégalités à la connaissance de tous, prendre les moyens de les effacer, c'est ce que nous nous efforçons de faire en France depuis les années 1980, à la suite des États-Unis, avec des mesures de discrimination positive en faveur des femmes ou des minorités ethno-raciales. Le projet du musée des Arts et Civilisations d'Afrique, d'Asie, d'Océanie et des Amériques du quai Branly a été porté par Jacques Chirac durant deux décennies au nom du même principe : ne pas faire de hiérarchie entre les œuvres d'art, quelle que soit leur origine et quel que soit leur usage. L'art du Gabon, celui du Mexique et les œuvres de l'Indonésie sont dignes du musée autant que celles de Rembrandt ou de Picasso. Au fondement de ces actions dans les domaines politique, social ou artistique, il y a toujours eu une certaine idée de l'universalité comme ce lieu où les différences sont appelées à communiquer, où l'autre enrichit l'un et réciproquement.

La pensée woke *et la* cancel culture

Mais le culte des identités particulières pour elles-mêmes risque d'écraser désormais tout idéal universel. À l'éloge du métissage se substitue la dénonciation systématique du colonialisme et du privilège blanc. Une police se met en place sur les réseaux sociaux et dans les médias, dénonçant la moindre atteinte à ce nouvel ordre moral. Le débat d'idées, l'art, l'opinion politique sont passés au crible des obsessions des tenants du décolonialisme. Un metteur en scène de théâtre grec antique voit son spectacle empêché par des militants brutaux sous prétexte qu'il peint les visages de ses acteurs. L'inculture leur fait confondre cette pratique avec celle du *blackface*. La question posée par Michel Guerrin dans *Le Monde*[12] prend un retentissement

12. « Culture et identité, la troisième voie », 7 janvier 2022.

brutal : « Comment concilier la liberté de création et la visibilité des minorités ? »

Selon Laure Murat, professeure au département de langues européennes et études transculturelles à l'UCLA, la *cancel culture* ou culture de l'annulation se définit comme un « ensemble de réclamations, issues de la gauche radicale, exigeant un changement concret de pratiques dans la société accusée de perpétuer une culture raciste, sexiste, ignorante des populations opprimées. [...] elle consiste notamment à révéler des propos ou des actes jugés répréhensibles ou offensants de la part de personnes, d'entreprises et d'institutions, et à leur retirer tout soutien [...] d'exiger des institutions qu'elles prennent leur responsabilités en cessant d'honorer des personnalités accusées d'actes racistes ou d'agressions sexuelles[13]. »

Sous la réserve évidente que, comme le rappelait Alain Finkielkraut il y a quelques mois, il ne peut y avoir un savoir absolu sur ce qu'est le bien et ce qu'est le mal.

À partir du début des années 2000, le racisme a été considéré non plus seulement comme un

13. *Qui annule quoi ?, Sur la* cancel culture, Paris, Seuil, « Libelle », 2022.

crime ponctuel mais comme un mal systémique, contaminant toutes les institutions des nations ayant pratiqué l'esclavage ou de la colonisation. Il fallait donc désormais le traquer, débusquer le privilège blanc, mener un combat politique et non plus seulement moral. Pap Ndiaye le justifie, lui, dans un jugement équilibré : « L'antiracisme contemporain, dans l'ensemble, ne tourne pas le dos à l'universalisme : il cherche à l'approfondir en évitant qu'il soit incantatoire, abstrait ou "décharné", selon le mot d'Aimé Césaire. C'est un pragmatisme : faire reculer les discriminations plutôt que s'épuiser à extirper le mal de la tête des racistes ».

L'intention est bonne et je n'ai cessé de la soutenir dans mon travail quotidien de Défenseur des droits. Mais j'ai observé que lorsqu'elle tourne à la traque puritaine, la lutte contre les discriminations produit les effets inverses à son projet et devient à son tour discriminatoire. Elle assigne à nouveau les individus à des identités personnelle ou raciale, elle entrave l'accès nécessaire à l'universalité et à la citoyenneté. Colette Guillaumin l'a écrit : « Le racisme débute lorsque l'on perçoit un individu comme le petit bout d'une communauté ». Il ne faut donc pas tomber, en figeant les catégories altérisées, dans ce qu'on appelle l'« *othering* », c'est-à-dire la fabrication d'autres. C'est ce genre de déviance qui ferait que l'on ne pourrait plus chanter le rôle d'Othello si on n'est pas noir, traduire des poèmes écrits par un Noir si on est blanc, jouer un rôle de transsexuel si on ne l'est pas. Il faudrait éliminer de la langue ce complot masculiniste organisé par des grammairiens, toute « scorie virile ». Il serait interdit de travailler sur Arthur Rimbaud sans être soi-même homosexuel. Ce qu'on appelle la *cancel culture* (culture de l'annulation) est une forme brutale de littéralisme et de fondamentalisme qui interdit toute interprétation artistique, tout effet de sens et de jeu.

La nécessité de la mémoire et de l'histoire

Ce culte de l'oubli voudrait effacer la douleur ressentie par des générations de personnes injustement et inégalement traitées. Déboulonner des statues et changer les noms de salles dans des universités prestigieuses y contribueraient. Ainsi la statue de Jefferson a été retirée de la salle du conseil de la ville de New York au motif que le troisième président des États-Unis au passé esclavagiste ne saurait faire l'objet d'un hommage. À Fort-de-France, celle de Joséphine de Beauharnais, symbole de l'esclavagisme aux yeux des militants, a également été abattue deux mois après les statues de Victor Schœlcher. Mais c'est méconnaître et mépriser la douleur de la servitude ou de la violence subie que de la penser effaçable. Nous devons d'ailleurs en conserver la trace pour la connaître, en transmettre le savoir et éviter à tout jamais qu'elle se renouvelle. Le film *Autant en emporte le vent* (Victor Flemming, 1939) ne montre-t-il pas l'esclavage tel qu'il existait dans les États du Sud des États-Unis ?

C'est là où il convient de privilégier temporalité et pluralité et d'accepter une certaine relecture qui « introduir[ait] plus de nuances dans le rapport entre la mémoire et l'histoire, les revendications dites identitaires et la construction du grand récit national, tout en éclairant la part du présent dans notre regard sur le passé[14] », comme l'espère Laure Murat.

Cette sensibilité à l'histoire, cette vigilance interdirait l'oubli du passé et mettrait fin au continuum raciste.

D'où le mélange de nécessité et d'ambivalence dans la mise en cause, et quelquefois le « déboulonnage » de personnages aussi importants que Victor Schœlcher, Winston Churchill, Abraham

14. *Qui annule quoi*, *op. cit.*

Lincoln… ou Colbert (qui est mort avant l'adoption du *Code noir*).

D'où l'interrogation légitime sur une société qui ne serait que prétendument universaliste et qui serait incapable de reconnaître les crimes et les conséquences de l'esclavage et de la colonisation.

Il s'agit donc d'apporter une réponse politique aux situations d'impunité et de refus de reconnaissance qui prolongent les souffrances et rappelle les discriminations et les dominations.

Une réponse politique, aussi, au « ras-le-bol de l'injustice ».

Une réponse politique qui comporte lucidité et interrogation sur « l'histoire officielle ».

L'histoire prépare l'avenir, la mémoire construit les individus du futur. Elle est indispensable aux débats et aux progrès de la société : effacer toute marque du passé douloureux, supprimer des documents liés à l'esclavage, par exemple, c'est supprimer inconsidérément des objets possibles du débat. Pourquoi ne pas conserver les statues et en faire une source de pédagogie sur les exactions passées ? Rappelons-nous toujours ce qui est écrit à l'entrée du camp de concentration de Birkenau : « Ceux qui ne peuvent pas se souvenir du passé sont condamnés à le répéter ». À Budapest, le Memento Park est un musée en plein air qui conserve les statues érigées à la gloire du communisme, caractéristiques de l'art soviétique. On sait les massacres que la cause de la révolution et de l'homme rouge a causés. Ces statues ont été conservées à titre de témoignages d'une idéologie et d'une esthétique qui ont marqué douloureusement l'histoire, pour en comprendre les ressorts, l'idéal, les fantasmes.

Je crois fermement à la possibilité de faire ainsi mémoire, de construire une histoire commune sans effacer les blessures, ni nier les douleurs, au contraire. De nombreux lieux sont ainsi ouverts au public pour le rendre sensible à la violence de l'histoire comme le camp des Milles à Aix-en-Provence où de nombreux artistes juifs ou résistants furent internés pendant la Seconde Guerre.

Pour autant, il paraît que certains sujets sont inabordables en classe dans certaines écoles et face à certains élèves. L'ouvrage collectif publié en 2018 sous la direction de Benoît Falaize, *Territoires vivants de la République*[15], donne de multiples exemples du contraire. Ainsi les professeurs de quatrième et de troisième du collège

---

15. Paris, La Découverte, « Cahiers libres », 2018.

Gustave Flaubert, dans le XIIIe arrondissement, sont-ils parvenus à construire un véritable récit commun avec leurs élèves en mêlant la mémoire et les voix des racialisés à celles des plus favorisés qui ont déjà trouvé place dans notre histoire. Et de montrer les deux sources d'appartenance à la nation, à travers l'histoire coloniale et à travers l'histoire de l'immigration. De son côté, le lycée Auguste Renoir d'Asnières s'est penché sur la laïcité. Au cours d'une conférence dans l'auditorium du lycée, le professeur Abdennour Bidar a tenté de relativiser les tensions et a mis en garde ses élèves contre une double tentation : celle du repli sur soi et celle qui consiste à exclure l'autre de la communauté nationale. Il a insisté sur le fait que la laïcité est faite pour protéger les minorités et invité à ressentir la différence de l'autre, non comme une menace, mais comme une ouverture. Une élève de terminale a conclu quelques jours plus tard : « On est libre de ses choix tout en respectant les lois de la République. Celles-ci sont supérieures aux lois de Dieu, et pour moi c'est ça la démocratie. On a tous une religion différente et c'est à ça que sert la République, à nous protéger. »

C'est ce travail dans les classes, les lycées et les collèges qui contribuera à la vie commune. C'est aussi au travail historique de se faire toujours plus exigeant, humble et honnête, pour élaborer un récit qui donne à voir et rassemble au lieu de diviser et d'opposer. C'est le seul antidote au ressentiment et à la violence identitaire. Ainsi pourrons-nous conjurer la honte des victimes et la culpabilité des oppresseurs en regardant dans les yeux la traite négrière et l'esclavage colonial, en considérant les choses telles qu'elles sont, sans se voiler la face.

Quand on touche à l'histoire, il faut immédiatement s'interroger : jusqu'où, pour qui, pour quoi ? Le gouvernement russe a récemment interdit la fondation Mémorial, la principale organisation de défense des droits humains en Russie, créée par Andreï Sakharov en 1989. C'est un exemple accablant de propagande qui a des effets immédiats sur la réalité humaine. En Pologne, un formidable travail de mémoire sur l'antisémitisme a été accompli par des chercheurs et ne trouve pas de lieu où être exposé. Une réforme récente de l'éducation polonaise, en voie d'adoption au Parlement, créé une nouvelle matière « Histoire et temps présent » qui prétend redresser l'enseignement de l'histoire du pays. Elle serait ainsi réécrite selon une version complotiste promue par le parti au pouvoir.

Tous les phénomènes de domination, d'oppression et d'exclusion individuelle ou collective passent par une refonte de l'histoire. On ne peut tolérer la moindre atteinte à celle-ci. Mettre fin aux dépendances, lutter contre les dominations, abolir les ségrégations, ce travail indispensable passe par l'enseignement de l'histoire.

La question de l'islam en France

En France nous faisons face à une question particulière, celle de la place des musulmans dans la République. La pensée *woke* et la *cancel culture* se mêlent à présent au débat de fond et nourrissent les arguments des « islamo-gauchistes », dénomination issue de l'hostilité de l'extrême-gauche à la loi sur le voile présentée par Jacques Chirac en 2004. L'ultragauche émit alors l'idée qu'une alliance entre l'islam et le Parti socialiste serait révolutionnaire face à un ennemi commun décrit comme capitaliste, sioniste et américain.

Or, depuis trente ans, la droite et la gauche parlementaires jouaient leur « rôle » sur ce sujet. La droite soulignait lourdement les différences entre notre culture chrétienne et l'islam afin de le disqualifier ; la gauche au contraire usait de la laïcité pour essayer de fondre l'islam dans la République en insistant sur la nécessité d'une évolution sur les droits des femmes. Lors de l'affaire du voile de Creil en 1989, la gauche au pouvoir a prôné à la fois la laïcité et le droit à la différence. Plus tard, elle marquera son opposition aux mesures prises après le 11 septembre 2001.

Depuis lors, le débat s'est radicalisé. La droite prend des positions proches de celles du Front national d'antan, quand l'ultragauche boit à la source américaine de la pensée *woke* qui lui apporte un soutien théorique bienvenu, après s'être opposée en 2004 à la loi sur le voile, que la gauche parlementaire avait, elle, votée.

Le débat s'est déplacé aussi sur le plan intellectuel et universitaire. Une centaine d'intellectuels ont signé le 31 octobre 2020 une tribune au *Monde* dans laquelle on peut relever la phrase suivante : « Les idéologies indigéniste, racialiste et "décoloniale" (transférées des campus nord-américains) sont bien présentes, nourrissant une haine des "Blancs" et de la France ; et un militantisme parfois violent s'en prend à ceux qui osent encore braver la doxa antioccidentale et le prêchi-prêcha multiculturaliste. » J'ai été personnellement frappé par l'écart entre ce propos hautain et la qualité d'un grand nombre des signataires. Quelques jours après, deux mille chercheurs universitaires ont répliqué : « Nous continuerons de défendre une approche ouverte, critique et tolérante, une transmission des savoirs fondée sur l'émancipation et la dignité, comme une contribution salutaire face à la violence et à la haine ».

Une culture commune doit permettre de garantir les minorités contre les discriminations, tout en protégeant les individus contre les pressions de leur propore communauté.

Je propose là encore de contourner les positions extrêmes, qu'elles soient racistes ou *woke*, et de nous en tenir aux réalités sociales et religieuses. J'y reviendrai ultérieurement. Ce qui est en cause, c'est l'irrationalité, l'abandon de toute démarche scientifique au profit des fantasmes, des peurs et des opinions qui interdisent de poser les vrais diagnostics. Nietzsche contre Platon ?

La République doit réapprendre à se faire aimer autant que craindre. Le président Emmanuel Macron ne disait pas autre chose en s'adressant aux Algériens, en particulier aux enfants des deuxième et troisième générations, lorsqu'il déclarait le 4 décembre 2021, lors d'un entretien à Brut : « La République vous reconnaît. Vous êtes des enfants de cette République et vous êtes une chance pour elle. »

Chapitre 4

Pacifions l'immigration !

La Cité nationale de l'histoire de l'immigration

Le 10 octobre 2007, en fin de matinée, je me tiens en haut du perron du palais de la Porte Dorée où va se dérouler l'ouverture de la Cité nationale de l'histoire de l'immigration (CNHI) dont je préside la mission de préfiguration. L'ouverture, et non l'inauguration, car le projet n'a pas l'aval du gouvernement issu de l'élection de Nicolas Sarkozy à la présidence de la République. Le but de l'équipe de direction autour de moi est seulement de rendre irréversible le travail accompli depuis trois ans, sans tambour ni trompette.

À l'heure prévue, aucun officiel ne se présente. Mais les représentants de nos partenaires associatifs et locaux, ceux des quelques tutelles ministérielles et ceux de l'opposition nationale, à savoir le maire de Paris, Bertrand Delanoë, et le premier secrétaire du Parti socialiste, François Hollande, sont présents. Logique et évident, dans le contexte postélectoral de l'époque.

Quelques jours auparavant, le 4 octobre 2007, Michel Wieviorka écrivait dans une tribune du journal *Le Monde* : « Le durcissement actuel de la politique de l'immigration s'accommode mal du projet de la CNHI d'apporter par le savoir historique des connaissances susceptibles de mettre en cause les représentations de l'immigration qui sont celles du pouvoir : une source de difficultés sociales [la violence des banlieues, la délinquance] et une menace pour la nation et pour la République [avec l'ethnicisation de la vie collective, le communautarisme, voire le terrorisme]. » Il rendait ainsi compte de la frilosité générale à fêter l'ouverture de ce lieu. Sur le perron du palais de la Porte Dorée, nous ne vivions pas seulement une mésaventure protocolaire.

En mai 2007, au moment de la constitution du gouvernement, huit membres du comité d'histoire chargé de valider les contenus de l'exposition permanente avaient démissionné pour protester contre l'instauration d'un ministère de l'Immigration, de l'Intégration, de l'Identité nationale et du Développement solidaire. Ils avaient alors affirmé : « Là où le pari de la Cité nationale de l'histoire de l'immigration était celui du rassemblement tourné vers l'avenir, autour d'une histoire commune que tous étaient susceptibles de s'approprier, ce ministère menace au contraire d'installer la division et une polarisation dont l'histoire a montré les ravages. » Je n'avais pas remplacé ces personnalités autour de la table du comité mais, délibérément, laissé leurs places vides. Dans les années suivantes, beaucoup d'entre eux ont personnellement pris part aux activités de la Cité puis du Musée national.

François Hollande inaugura la Cité devenue Musée de l'histoire de l'immigration le 15 décembre 2014, sept ans après son ouverture, en rappelant le message qu'elle devait porter : « avoir confiance dans notre histoire pour être capable de regarder le présent avec suffisamment de sérénité, de responsabilité et de force pour ne pas nous laisser emporter là où ne nous ne voulons pas aller. »

Pendant l'hiver 2010, plusieurs centaines de migrants maliens sans-papiers occupèrent le palais de la Porte Dorée. Ils protestaient, avec le soutien de certains syndicats, contre le refus qu'on leur opposait de régulariser leur situation. Il fut décidé, d'un commun accord entre la direction de l'établissement public et la préfecture de police, qu'on ne procéderait pas à une évacuation forcée. La Cité aménagea la présence pacifique des occupants : ils furent autorisés à séjourner, pendant les heures d'ouverture du musée, dans le hall d'entrée et la grande salle du rez-de-chaussée. Ils eurent également le droit de populariser leur cause auprès des visiteurs du musée et de l'aquarium. Les locaux étaient évacués pendant la nuit pour des raisons de sécurité du bâtiment. Le fonctionnement du musée ne fut jamais interrompu, les manifestants obtinrent peu à peu la régularisation de leur séjour. Cet épisode fut raconté dans un reportage photographique qui documente cette présence et cette expression. Leur action est un épisode de la longue histoire de l'immigration en France[16].

Le palais de la Porte Dorée entrait ainsi dans l'histoire des relations entre la France et les étrangers sur le territoire hexagonal. Les onze

16. Photographies de Bruno Combes, collection documentaire du Musée national de l'histoire de l'immigration.

années que j'ai passées au service de la Cité de l'immigration ont prolongé et confirmé mon expérience antérieure de maire du XIIIe arrondissement, l'un des plus divers intra-muros. Elles ont ancré en moi la conviction forte que l'idéologie n'a rien à faire dans la question de l'immigration, ni les effets de manche et les déclarations à l'emporte-pièce. L'histoire, les réalités et le destin des hommes et des femmes dont la vie est en cause sont rendus invisibles par ce qui est devenu « le débat sur l'immigration », instrument de manipulation politique et partisane.

L'occupation du chantier de la BNF

J'avais déjà vécu un épisode d'occupation similaire à celui du palais de la Porte Dorée alors que j'étais maire du XIIIe arrondissement. Pendant l'hiver 1990-1991, des migrants maliens sans-papiers avaient occupé le chantier de la BNF, situé entre la gare d'Austerlitz et le boulevard périphérique, sous la conduite de l'abbé Pierre et de l'association « Droit au logement ». Un camp de tentes s'était dressé en quelques heures sur l'emplacement du chantier et les occupants exigeaient leur relogement. Les travaux avaient été perturbés pendant quelques semaines par près de cinq cents personnes, travailleurs, hommes, femmes et enfants. En tant que maire du XIIIe arrondissement, j'avais conduit la négociation de solutions tangibles avec le ministre de l'Équipement, alors élu du XIIIe et ancienne figure de proue socialiste de Paris.

Un incroyable incident ne s'effacera jamais de ma mémoire. L'occupation durant depuis plusieurs semaines, il avait fallu scolariser les dizaines d'enfants qui vivaient sous les tentes. En accord avec l'académie, il fut question de les inscrire à l'école de la rue Dunois, la plus proche et la plus disponible. J'organisai le samedi matin une réunion d'information avec l'équipe de l'école et les parents d'élèves. À ma grande surprise, le député socialiste Jean-Marie Le Guen s'éleva au nom de la communauté scolaire contre l'inscription des enfants maliens, invoquant la crainte d'une perturbation de la scolarité des élèves permanents. On passa outre, mais je gardai longtemps le souvenir amer de cette intervention de la part d'un homme aux convictions humanistes. J'y vois encore le signe d'une tentation férocement ancrée dans les sociétés et les individus, celle de l'exclusion et de la peur.

En quelques mois, les familles furent relogées dans des immeubles du parc de logements sociaux de Paris et de sa banlieue, en particulier dans des bâtiments rénovés en périphérie de la zone à urbaniser, au sein de laquelle la Bibliothèque nationale était appelée à s'élever.

Je suis souvent allé à la rencontre des femmes et mères maliennes de mon arrondissement, aux abords des écoles, au sein des activités associatives ou éducatives ou simplement chez elles, au septième ou huitième étage de leur HLM. Elles étaient de ces familles qui viennent dans notre pays pour l'emploi ou au titre du regroupement familial. Je les trouvais restant entre elles, enfermées toute la journée dans un appartement trop petit, sortant très rarement, attendant le retour des enfants de l'école, puis celui du mari qui travaillait dur et loin. C'est avec ces femmes qu'on rejoue désormais les jeux politiciens de « l'identité nationale » en remettant en cause la procédure de regroupement familial. Dans un pays où la démographie décline et où l'offre de travail est insuffisante, est-ce raisonnable ? Ne faudrait-il pas au contraire mener un projet, renouvelé et approfondi, d'éducation et de formation des femmes, de façon à les sortir à la fois du risque islamiste et de la ségrégation vis-à-vis de la société qui les accueille ? Il apparaît que la raison et l'intérêt général soient de ce côté de l'alternative plutôt que du côté de la fermeture du pont-levis.

Le scandale des camps de migrants

Mais il semblerait que l'appel de la peur et de la haine soit souvent plus fort que celui de la raison. À cause de nos peurs, les migrants rassemblés sur les côtes du Nord et du Pas-de-Calais vivent un destin brutal et trop souvent funeste. À Calais, en 2015, je visitai le camp de la Lande en qualité de Défenseur des droits[17]. Après la première évacuation de la « jungle de Calais » en 2009, ce camp avait été créé à la demande des autorités municipales pour canaliser l'errance des migrants. Il était situé à plusieurs kilomètres du centre de la ville. Il bénéficiait d'une organisation pérenne d'hébergement, de scolarisation, de soins et de soutien social et juridique. Il reposait pour l'essentiel sur l'engagement exceptionnel d'associations spécialisées. Il avait cependant l'allure d'un bidonville. Entre 8 000 et 10 000 personnes y vivaient dans des conditions indignes.

17. Une photo de cette visite, en compagnie de mes principales collaboratrices, orne le mur du bureau de l'avocat que je suis devenu.

Devant l'ampleur du désordre, les difficultés de gestion administrative et les risques en matière de sécurité, le gouvernement opta en octobre 2016 pour une solution expéditive et à courte vue, celle de l'évacuation. Les migrants furent confiés à des centres d'hébergement et d'accueil de demandeurs d'asile répartis sur l'ensemble du territoire national. Nombre d'entre eux préférèrent s'échapper. Cette issue me bouleversa.

Nous devions cette politique à la rhétorique de l'appel d'air, volontiers développée dans les discours extrémistes, comme par nombre de politiques en responsabilité. En facilitant les flux migratoires en Europe, nous encouragerions, selon eux, l'arrivée de milliers, voire de millions de réfugiés. Les pouvoirs publics ont ainsi cherché à rendre le moins visible possible le regroupement des migrants et à ne pas créer de points de fixation, plutôt qu'à aider et accompagner ces personnes. Six ans plus tard, c'est le même fantasme de l'appel d'air qui oriente le comportement des pouvoirs publics : les forces de l'ordre ont pour instruction de détruire les abris, de rendre difficile la distribution des repas et de harceler les personnes pour qu'elles disparaissent dans la nature. Depuis l'évacuation du camp de Sangatte au début de ce millénaire, l'Angleterre et la France n'ont cessé de persister à priver de droits et de visibilité des êtres humains courageux et fiers. Le Brexit ayant entravé les discussions entre les deux pays, la situation s'est encore dégradée, si cela était possible. Nous avons derrière nous vingt années de ce que je dois me résoudre à qualifier de honte.

Les expériences que j'ai racontées précédemment illustrent le refus, implicite ou proclamé, de prendre en charge la complexité du couple « eux et nous », la réalité des mouvements de population et, par-dessus tout, le respect des droits reconnus à toutes les femmes et à tous les hommes vivant sur notre planète. En revanche, elles montrent la propension des autorités publiques les plus démocratiquement élues à bafouer les droits élémentaires au nom des idées les plus courtes, le quant-à-soi, l'étrangeté des identités et un ordre public d'esprit intolérant qui comporte une large part de discrimination et d'exclusion.

En France, nous sommes, en vérité, en défaut sur le respect que nous devons aux droits des migrants. Une commission d'enquête de l'Assemblée nationale sur les migrations, les déplacements de population et les conditions de vie et d'accès des migrants au droit a rendu son rapport le 10 novembre 2021. Il dénonce à la fois la propagande hostile à l'immigration et les insuffisances des politiques publiques pour accueillir et intégrer les étrangers. Le rapport emploie des termes particulièrement vigoureux en écrivant que la France pratique une véritable maltraitance d'État envers les immigrants sur son sol. Il dénonce en particulier l'attitude des préfectures et des administrations qui semblent oublier qu'il y a des droits, des lois, une Constitution. Dans notre pays il existe en effet un droit à être hébergé, soigné et secouru, que l'on ait un titre de séjour ou non.

Le rapport parlementaire ajoute que les travailleurs étrangers munis d'un titre de séjour s'intègrent par le travail. Il faut donc développer les voies légales d'immigration plutôt que bloquer les dispositifs. Il convient aussi de détacher la question sécuritaire de celle de l'immigration, ce que j'écrivais déjà en 1984 dans mon essai *Pour en finir avec la peur*[18], et rattacher les questions d'immigration et d'intégration, non plus au ministère de l'Intérieur, mais au Premier ministre lui-même, afin de pouvoir traiter complètement les sujets non sécuritaires qui intéressent la vie des immigrés sur notre sol.

18. Éditions Robert Laffont.

Le rattachement des questions de migration au ministère de l'Intérieur est une erreur. Que le ministère mette en œuvre les règles du séjour et qu'en particulier il fasse respecter ce que l'on appelle, dans notre tradition juridique, la police des étrangers, c'est sa compétence. Que le ministère des Affaires étrangères négocie avec les États étrangers et nos partenaires de l'Union européenne la politique d'immigration que nous souhaitons suivre dans le cadre des conventions internationales qui s'imposent à nous, tout particulièrement celle de Genève sur le droit d'asile, c'est non moins évident. En revanche, pour tout ce qui relève de l'action des pouvoirs publics, de l'État, des collectivités territoriales, des associations, des entreprises et qui a pour but d'organiser la vie des étrangers dans notre pays, de favoriser leur travail, leur éducation, leur accès à la culture et à l'ensemble des services publics, on voit bien que la notion si souvent galvaudée de régalien, ou de souverain, ne suffit pas. Ce dont on parle ici, c'est de protection et d'éducation des enfants, de politique familiale, de relations interpersonnelles ou collectives, de participation de ces personnes à la République qui, à la fois, respectera ce qu'elles sont et favorisera, dans les limites de la légalité et des nécessités du vivre-ensemble, ce qu'elles voudraient devenir.

L'ensemble de ces actions, qui relèvent d'une multiplicité d'acteurs gouvernementaux et locaux, prennent tout leur sens et leur portée sous la direction du chef du gouvernement lui-même, et non d'un des ministres compétents dans tel ou tel domaine particulier.

Nous avons tourné le dos à ce type de politique depuis plus de vingt ans et nous en payons le prix aujourd'hui. Il est trop facile d'imputer les difficultés, les drames, les conflits, la ghettoïsation de certains quartiers, à la présence et aux comportements des seuls immigrés, en particulier de religion musulmane. Nous avons notre part de responsabilité ; les pouvoirs publics se sont défaussés d'une réelle politique d'immigration en lui substituant une panoplie hétéroclite de mesures sécuritaires. Politique sécuritaire dont l'expérience nous démontre qu'elle n'a pas d'efficacité à elle seule, si elle ne se réalise pas dans un milieu, dans un système construit de relations destinées à prévenir et à dissuader la délinquance, la criminalité et le terrorisme. Dans un entretien donné en novembre 2003, Robert Pandraud lui-même, qui fut ministre délégué auprès de Charles Pasqua et chef de la Police nationale, disait qu'un décret pour la fermeture des frontières est illusoire car « on sait bien que les frontières, ça ne peut pas être fermé. »

Ce rapport parlementaire de 2021, adopté par une majorité loin d'être de gauche, publié au moment d'une précampagne présidentielle marquée par les provocations de certains candidats, est réjouissant. Il est à la fois plein de liberté et de vérité. Peut-être est-ce pour cette raison qu'il n'a pas fait, hélas, l'objet de beaucoup de commentaires ?

La France, terre d'immigration

La peur de l'étranger s'est définitivement installée dans les esprits. Il est donc temps de regarder les faits. La France est un vieux pays d'immigration ininterrompue. Unique sur la scène européenne, comparable aux États-Unis, elle n'a cessé d'accroître sa population par l'installation d'étrangers sur son territoire. François Héran écrit : « L'histoire de la France a ceci de singulier que l'installation d'immigrés sur son sol ne se limite pas à des périodes de crise. L'immigration n'a rien d'une anomalie ou d'une parenthèse. [Elle] fait partie intégrante de l'histoire de France, et ce de longue date[19]. »

Les Français ne sont pas une catégorie ethnique. 25 % d'entre eux et d'entre elles relevaient d'une autre nationalité à leur entrée sur le territoire de l'hexagone ainsi que dans nos départements et territoires d'outre-mer. Les modalités d'acquisition de nationalité automatique ou volontaire, instaurées notamment en 1889 et en 1927, puis toutes les conséquences tirées du droit du sol depuis la Libération de 1945, les ont agrégées à la même communauté nationale que ceux et celles qui étaient nés français en France.

Une communauté française s'est ainsi constituée, à l'identité à la fois naturelle et construite. Naturelle, car la France, par sa position géographique, son histoire multimillénaire, sa langue et sa culture universelle, a tout d'une civilisation unique et immarcescible. Construite, car depuis les invasions barbares, la Renaissance, la Révolution française, l'ère des nationalités et des dictatures racistes ou xénophobes, la France a accueilli, protégé et naturalisé des générations d'étrangers.

---

19. « La France, terre d'immigration dès le milieu du XIXe siècle », in Romain Bertrand (dir.) et Patrick Boucheron (dir.), *Faire musée d'une histoire commune*, Paris, Seuil, 2019.

Pendant longtemps l'intégration fut fructueuse et la nation, ainsi formée, rayonnante. L'histoire de l'immigration montre depuis deux cents ans que le modèle français a longtemps triomphé des difficultés inhérentes à l'installation des individus et des groupes dont la culture, la religion, les modes de vie et les qualifications étaient différentes de celles qui prévalaient sur le territoire national. Dès la fin du XVIIIe siècle, depuis la Révolution française qui a vu les premières naturalisations d'étrangers, et même depuis la Renaissance, des hommes, des femmes et des enfants ont trouvé dans notre pays les lieux de vie et d'épanouissement qui leur étaient refusés dans le pays où ils étaient nés. Les difficultés matérielles, notamment la famine, les difficultés politiques, les persécutions religieuses, tous ces motifs les poussaient à rechercher dans l'exil une autre vie.

Dès le début du XIXe siècle vinrent ainsi successivement des Allemands des différentes principautés ou électorats qui souhaitaient échapper aux régimes autoritaires de type monarchique ou féodal et, pour beaucoup d'entre eux, à la misère et à la famine. Au milieu du XIXe siècle apparaissent les premières mentions de la nationalité dans les recensements. On voit alors se développer les mouvements de population en provenance de la Russie tsariste, de l'Italie encore non unifiée et, de manière générale, des pays les plus pauvres de l'est de l'Europe. En avril 1832 est votée une loi sur les réfugiés et un décret du 28 mars 1848 libéralise les conditions de naturalisation. Pendant la Première Guerre mondiale, la première immigration d'origine coloniale est organisée en vue de remplacer dans les usines et les champs les hommes partis au front. Le pic de cette évolution historique est atteint dans les années 1920. Des communautés entières d'Italiens, de Polonais et de Belges s'installèrent. Après la Deuxième Guerre mondiale, ce sont des familles d'Espagnols et de Portugais.

L'installation de ces populations ne se fit pas sans difficulté ni conflit. Beaucoup de Juifs de l'est européen furent victimes de l'antisémitisme idéologique, pseudo scientifique et prosélyte, de la fin du XIXe siècle et du tournant du siècle. Les Polonais et les Italiens se virent reprocher leur pratique, considérée comme excessive et ostentatoire, de la religion catholique. Mais le modèle français fit son œuvre, en particulier via l'action des entreprises avides de main-d'œuvre.

La loi de 1889, puis celle de 1927, instaurèrent et mirent en œuvre de manière extensive le droit du sol. Le « droit du sol » est un principe juridique attribuant une nationalité à une personne physique en raison de sa seule naissance sur un territoire donné.

En France, c'est une modalité majeure de l'acquisition de la nationalité française, qui s'énonce ainsi : l'enfant né en France de parents étrangers acquiert la nationalité française automatiquement et de plein droit à sa majorité.

Si le parent étranger est lui-même né en France, l'enfant né en France est français de naissance. Ce double droit du sol remonte à plus d'un siècle et demi, à une loi du 7 février 1851.

La loi du 26 juin 1889, guidée par une préoccupation de défense nationale, ouvre largement le droit du sol et réduit la faculté de choisir une autre nationalité.

Celle du 10 août 1927, qui assouplit les conditions de la naturalisation, a pour effet d'intégrer dans la citoyenneté française les étrangers venus travailler en France en nombre (1,6 millions de 1920 à 1929).

La plupart de ces étrangers furent en effet intégrés à notre société et à la citoyenneté républicaine. Certains départements sont aujourd'hui marqués par une importante proportion de Français d'origine étrangère : les Italiens en Lorraine ou les Polonais dans le Nord-Pas-de-Calais par exemple. Pendant les

Trente Glorieuses, des millions de travailleurs et de familles originaires du Maghreb s'installèrent en France. Après les indépendances des années 1960, ils furent nombreux à venir de l'Afrique subsaharienne et de l'océan Indien.

La croissance économique et le plein emploi contribuèrent à neutraliser jusqu'à la fin des années 1970 les risques de conflit que pouvait comporter l'importation du culte musulman à une grande échelle. L'islam était en effet pratiqué par la majorité des nouveaux arrivants. Mais en 1979 débuta la grande croisade de l'islam chiite, puis sunnite. Depuis quarante ans elle persiste dans le prosélytisme, l'intolérance et le terrorisme. Le 11 septembre 2001 représente l'émergence de cette réalité dans la conscience occidentale et constitue un tournant géopolitique majeur de notre monde contemporain.

Cette histoire a fabriqué la société composite que nous sommes. La France est un ensemble national aux visages différents, à l'identité multiple, mais réuni et solidifié par des valeurs communes, l'histoire vécue ensemble et l'ambition partagée de la République française, république dont l'ampleur de la vocation universelle le dispute à l'ancrage d'une identité construite.

Je ne voudrais pas m'en tenir à cette histoire, aussi irréfutable et significative soit-elle. Le défi auquel nous confronte l'immigration demande que nous envisagions l'avenir, non le passé. L'immigration est notre présent, plus que jamais.

Qu'en est-il aujourd'hui ?

Les étrangers représentent 10 à 12 % des personnes vivant sur le territoire français, moins que dans les autres pays industrialisés sauf l'Italie[20]. L'Allemagne en accueille 18 %. Les immigrés, c'est-à-dire les personnes nées non françaises dans un pays étranger, se montent à 8 % de la population générale, dont 3,2 millions en provenance de notre ancien empire colonial. 25 % de la population de notre pays a donc une origine étrangère à la troisième génération, celle des grands-parents. Voici le résumé de la présence de ce que certains appellent les « autres », dans la population globale en France.

20. En 2020, selon l'Insee : 12,7 % des habitants de la France sont nés à l'étranger, y compris les Français de naissance. Les immigrés au sens strict sont 6,8 millions pour 67,7 millions de population globale, soit 10,2 %. Si on tient compte des irréguliers, on peut retenir comme représentatif le niveau de 11 %.

Notre peuple ne ressemble en rien aux fictions que les tenants d'une identité génétique voudraient nous servir. Certes, la France ne se résume pas à Marcel Pagnol, à la garrigue et à la lavande, à l'accent chantant des cafetiers marseillais ni à celui des cafetiers auvergnats de Paris ou des éleveurs de vaches salers du Cantal. Mais, contrairement à ce qui est dénoncé à longueur de diatribes enflammées, les chiffres de l'immigration restent stables : bon an, mal an, environ 250 000 personnes s'installent en France, dont 90 000 environ au titre du regroupement familial. Depuis l'an 2000, ces données varient très peu.

La France ne peut être gouvernée avec des fantasmes et des idéologies racistes, xénophobes ou simplement ignares. Le monde non plus. Les sociétés contemporaines sont ouvertes. Hommes et femmes se déplacent, en particulier ceux qui sont poussés par une nécessité vitale, celle de la survie physique ou sociale. 2,5 % de la population mondiale est en déplacement permanent, principalement des zones déshéritées vers celles qui sont réputées plus riches, celles où les conditions de vie permettent de se nourrir tous les jours, de se soigner et d'instruire ses enfants. Cela ne signifie pas que les flux migratoires se font systématiquement du Sud vers le Nord. 60 % des migrations s'effectuent entre pays de même niveau de développement. Seulement un tiers de la population migrante se déplace d'un pays en développement vers un pays développé. Car la migration a un coût[21]. Les migrations Sud-Sud sont donc majoritaires.

2,5 % de sept milliards et demi d'êtres humains, cela représente cent cinquante millions de personnes. Ce chiffre englobe toutes les personnes qui se déplacent et non les immigrés qui entrent et s'installent dans un pays. Ceux-ci représentent donc des proportions encore plus faibles : chaque année ce sont environ 300 000 personnes qui entrent dans notre pays, un peu plus de 200 000 qui s'y installent légalement. Il y a environ 0,6 % de réfugiés étrangers en Europe. Les pays qui accueillent le plus grand nombre de réfugiés en proportion de leur population sont le Liban, la Turquie et la Jordanie, loin devant les pays européens. La table ne risque donc pas de basculer.

On peut contester fermement, sur la base de ces chiffres, des propos comme ceux de Dominique Venner, idéologue d'extrême droite, qui écrivait il y a quelques années : « nous savons que la base du peuplement de l'Europe, qui a

21. Chiffres de La Cimade disponibles sur le site www.lacimade.org.

permis une expansion civilisatrice, était celle d'une ethnie blanche. La destruction de cet équilibre, qui peut être rapide, entraînera notre disparition et celle de notre civilisation[22] ».

Néanmoins, je n'aurais garde de contester par ma seule opinion une si définitive prophétie. Je m'en remets donc à la dernière étude (450 pages...) de l'OCDE, parue en novembre 2021 sous l'intitulé « Perspectives des migrations internationales 2021 ».

Combien d'étrangers viennent-ils s'installer en France chaque année ?

En 2019, avant la pandémie qui a faussé toutes les statistiques, l'OCDE dit que notre pays a reçu 291 000[23] nouveaux immigrés pour séjour de longue durée (1 an) ou permanent, dont 27 % au titre de la libre circulation intra-européenne, 17 % de travailleurs, 35 % de membres de familles (regroupement familial), 11,5 % pour des raisons humanitaires.

22. *Europe-Action*, n° 38, février 1966, p. 8.

23. À noter que les préfectures françaises n'avaient comptabilisé que 272 000 titres de séjour d'au moins un an.

Auxquels s'ajoutent 87 000 étudiants et 29 000 travailleurs temporaires.

Sans compter les 450 000 travailleurs européens qui travaillent en France en détachement de leur régime salarial et social national.

Les trois principaux pays de provenance sont, de très loin, l'Algérie, le Maroc et la Tunisie.

Pour l'asile, les statistiques de 2020 marquent une augmentation de 40 % des demandes. Mais le nombre de décisions favorables à l'octroi du statut de réfugié ne s'est élevé qu'à 22 % des demandes examinées.

En 2020, sur une population totale de 67,3 millions de personnes (100 %), on comptait d'un côté 62,2 millions de Français (92,4 %), dont 58 millions de Français nés français en France (86,2 %), 1,7 millions de Français nés français hors de France (2,5 %) et 2,5 millions de Français par acquisition nés hors de France (3,7 %), et de l'autre 5,1 millions d'étrangers (7,6 %) dont 4,4 millions d'étrangers nés hors de France (6,5 %) et 0,8 millions d'étrangers nés en France (1,1 %). L'addition du nombre de Français par acquisitions nés hors de France et des étrangers nés hors de France nous donne le nombre d'immigrés en France, soit 6,8 millions de personnes (10,2 %). La population née à l'étranger représente quant à elle 8,5 millions de personnes (12,7 %)[24].

Combien coûtent ces étrangers qui seraient, selon certains, à la charge des Français ?

La conclusion des chiffres compilés par l'OCDE lui permet d'affirmer que les immigrés versent davantage d'impôts et de cotisations sociales qu'ils ne reçoivent en prestations et services.

Le « ratio budgétaire », c'est-à-dire le rapport entre les recettes versées par les immigrés et les dépenses qui leur sont consacrées, est variable selon les pays. Dans un tiers des pays, ce ratio est supérieur à celui des natifs ; dans un quart des pays, les étrangers contribuent moins que les natifs ; en Allemagne et en France les contributions nettes totales des immigrés et des natifs sont plus ou moins similaires.

L'impact budgétaire de l'immigration est donc faible et il évolue selon des tendances similaires à celles de l'ensemble de la population.

---

24. Source : Insee, estimations de populations, en millions d'habitants, d'après l'enquête annuelle de recensement.

Et enfin, il est affirmé, chiffres à l'appui, par l'OCDE, que des dépenses d'intégration efficaces sont largement « rentables » en terme budgétaire.

Alors, quid de la menace à terme du « grand remplacement » ?

Cette thèse, dramatique, repose sur trois affirmations :

– la surfécondité des femmes immigrées
– le changement de civilisation
– le « projet ourdi par les élites cosmopolites »,

le « grand remplacement » étant le résultat d'un complot de ces dirigeants occultes du monde.

Seule la première assertion mérite une mise au point, les deux autres relèvant d'une liberté d'opinion que je respecterai scrupuleusement.

La surfécondité des femmes immigrées est réelle, sauf pour celles originaires du Maghreb, qui est le grand pourvoyeur d'étrangers en France. Pour les femmes maghrébines, le taux de fécondité est passé en quelques années de 7 enfants par femme à 2, comme pour une femme européenne.

Il est à noter que le record mondial de la baisse de la fécondité dans les dernières années est détenu conjointement par l'Algérie et l'Iran.

En revanche, le niveau de la fécondité se maintient en Afrique subsaharienne autour de 6 ou 7 enfants par femme.

Au total, les femmes immigrées, compte tenu de leur position très minoritaire, ne provoquent qu'un surcroît de fécondité de 0,15 enfant par femme par rapport au taux global de fécondité.

Et la tendance est partout à l'alignement vers le bas des taux de fécondité, ce qu'on omet souvent de faire savoir, en particulier pour les femmes qui sont entrées à leur naissance en France et qui ont le même taux de fécondité que les femmes européennes.

Le raz-de-marée des prophètes de malheur se heurte à la convergence des comportements qui est une réalité anthropologique incontestable.

L'ONU prévoit le doublement de la population de l'Afrique subsaharienne d'ici 2060.

Ce milliard d'hommes et de femmes seraient censés se ruer sur l'hémisphère nord et sur l'Europe en particulier. Voilà le scénario d'horreur qui est échafaudé, à tort. Car les trois quarts de l'immigration africaine va vers d'autres pays d'Afrique, contrairement au Maghreb qui vient électivement en Europe.

Ainsi, à supposer que l'immigration en provenance de l'Afrique subsaharienne double en cinquante ou trente ans, elle ne représenterait finalement que 3 ou 4 % de la population européenne.

Dans son rapport sur la loi de finances pour 2022, la commission des affaires étrangères de l'Assemblée nationale cherche à appréhender l'importance de l'immigration irrégulière et utilise pour ce faire un élément incontournable : le nombre de personnes bénéficiaires de l'aide médicale d'État (AME). C'est en effet une caractéristique du système français que d'ouvrir l'accès aux soins aux étrangers en situation irrégulière. Au 30 septembre 2020, il y avait 368 890 bénéficiaires de l'AME, c'est-à-dire 10 % de plus qu'en 2019. En effet, la prise en charge de la pandémie a conduit à accélérer la prise de connaissance de l'AME de la part des migrants frappés par la Covid-19 et à faciliter l'accès aux soins par la simplification des démarches administratives et l'effet des dérogations accordées par les Caisses primaires d'assurance maladie. Par exemple ont été acceptées les demandes d'AME par voie postale.

Ces circonstances particulières expliquent une augmentation aussi forte d'une année sur l'autre.

Si l'on y ajoute Mayotte, où il n'y a pas de système réglementaire d'aide médicale d'État, mais où les étrangers en situation irrégulière sont très nombreux et ne demandent pas l'AME afin de ne pas être repérées, on peut considérer que le nombre d'étrangers en situation irrégulière sur le territoire de la République s'élève actuellement à prés de 500 000 personnes, soit 10 % des 4,9 millions d'étrangers. C'est une situation qui est préoccupante, mais qui ne signifie en aucune façon que se produirait le grand remplacement dénoncé par certains.

La fin d'un modèle d'assimilation

La vision quantitative ne crédite d'aucune pertinence les idées ou les termes d'invasion, encore moins de grand remplacement. Il ne faut pas néanmoins nier que pour beaucoup de personnes d'origine étrangère vivant en France, il y a maintenant une différence entre l'intégration à la culture européenne et la possession de la citoyenneté française. Par ailleurs, certains citoyens d'origine étrangère ont été abandonnés aux marges de la culture et du modèle méritocratique français. Leur frustration est amplement exploitée par les xénophobes.

L'OCDE nous montre que dans tous les pays, les immigrés sont répartis selon une forte concentration, même si certains éléments nouveaux, encore ténus, portent à croire à un début de dispersion.

Pour les écoles, sujet crucial, la concentration n'a fait que croître depuis 2006.

Cette concentration a des effets néfastes sur l'intégration. À court terme, certes, elle peut favoriser les opportunités d'emploi. À long terme, l'apprentissage de la langue d'accueil s'en trouve ralenti et surtout les progrès scolaires compromis.

L'effet est encore plus négatif pour les femmes.

Et le handicap scolaire a été mesuré : un an d'écart en moyenne.

L'action est donc urgente. Elle doit comporter deux grands axes : une politique d'éducation prioritaire, selon une sorte de discrimination positive, et une rénovation massive des logements, afin que la concentration cesse d'être celle des pauvres vivant dans des taudis.

La présence concentrée dans nos régions et nos villes de populations étrangères, notamment musulmanes, qui prend parfois la forme de ghettos, crée des tensions, des dangers, et provoquc des affrontements qui deviennent insupportables à la population majoritaire en France. J'évoque ici, parce que leurs situations ont été souvent mises en avant, des villes comme Beaucaire,

Tarascon, Roubaix ou celles du département de la Seine-Saint-Denis. Il existe des quartiers renfermés sur eux-mêmes parce que le comportement des habitants dissuade les pouvoirs publics d'y poursuivre leur action, que ce soit en matière de sécurité, d'éducation ou de culture. De manière plus dangereuse, certains individus y sont à l'œuvre pour des trafics mafieux, ou des groupes ou des lieux de culte qui propagent une idéologie séparatiste et sectaire, faisant le lit du crime et du terrorisme.

La responsabilité de la politique comme de la société civile est de faire face à ces situations, et non pas de les passer par pertes et profits. La persistance de ces propagandes intolérantes et leur extension conduiraient à faire péricliter toute politique migratoire équilibrée. Des textes ont été votés qui permettent en particulier d'incriminer les desservants du culte qui propagent la violence et l'exclusion. Ils doivent être appliqués avec discernement mais sans hésitation.

Pour ma part, je crois aussi que l'on doit se retenir de céder à tout sentiment de fatalité. On ne doit pas tenir ces quartiers pour « perdus pour la République ». Il faut les reconquérir, non pas par la force, mais par une palette d'actions économiques, sociales, éducatives et culturelles. J'ai déjà évoqué la situation des femmes isolées dans leur famille et leur religion. Il faut déployer de nouveau ce à quoi nous avons renoncé depuis 2008. Comme je l'ai fait moi-même dans le XIIIe arrondissement, en invitant ces femmes à travailler au sein d'associations en bas de leur immeuble, à rencontrer des personnes qui ne sont pas d'origine étrangère, à pousser la porte des établissements d'éducation et non pas à rester dans la rue, et par-dessus tout à bénéficier d'un système public ou privé d'apprentissage de la langue française. Il faut développer des lieux d'accueil, des centres qui permettent de sortir les jeunes, les femmes et les chômeurs de leur enfermement gros de danger. La raison doit prendre le dessus et inspirer une ferme volonté de construire du progrès, et non pas mettre à bas ce qui existe par une radicalité réactionnaire.

La vraie question doit là encore être pragmatique : qui sont les personnes qui s'installent dans notre pays, où sont-elles installées, quel est leur genre de vie et quelles sont leurs activités ? C'est ce que nous devons mettre au jour. L'immigration, même si elle fait irréversiblement partie de l'histoire de la société française, n'est plus aussi bien absorbée qu'elle ne le fut. L'intégration est insuffisante et en recul. C'est pourquoi, alors que la migration est une structure de nos sociétés et en particulier de la société française, elle est devenue un irritant omniprésent dans le débat politique. La peur des migrations est non seulement infondée sur le plan démographique mais elle passe à côté de la question fondamentale des conditions de la vie commune. L'ouverture sur le monde et l'appétit de la diversité qui marquent notre psychosociologie contemporaine ont rendu caduc le modèle traditionnel de l'assimilation et lui ont enlevé sa pertinence. Les individus ne sont plus disposés aux sacrifices consentis par les générations d'immigrés qui les ont précédés pour se fondre au moule de la République française. Il nous faut concevoir de nouveaux modèles d'intégration et de vie commune, de nouvelles manières de vivre ensemble.

Pour une nouvelle politique migratoire

Par ailleurs, l'approche sécuritaire et identitaire occulte le rôle de l'immigration dans l'économie et l'emploi. Il convient sur ce point de mettre à contribution la note publiée le 9 novembre 2021 par le Conseil d'analyse économique (CAE) qui plaide pour une augmentation de l'immigration qualifiée en France.

Le CAE fait d'abord litière de la question du coût social et fiscal de l'immigration. Il a calculé que la contribution nette des immigrés aux finances publiques, dans différents pays comparables, se situe entre plus 0,5 % et moins 0,5 % de PIB suivant les années. La France apparaît dans cette fourchette. Mais la contribution des étrangers et des Français issus d'étrangers est infiniment moins importante en France qu'aux États-Unis, à peu près quatre fois moindre. Le CAE préconise d'augmenter le nombre de permis de travail ainsi que les passeports « talents » qui attirent les étudiants, en nette diminution depuis deux ans. Sa proposition consiste aussi à accorder un titre de séjour temporaire en France à la fin des études et à ne pas conditionner la délivrance d'un titre d'entrée à une promesse d'embauche préalable.

En effet, une politique d'excellence universitaire s'impose. Mais deux questions méritent, pour moi, discussion : faut-il vraiment, comme le propose le CAE, augmenter le nombre de cours en anglais ? Faut-il accroître le montant des frais d'inscription des étudiants extracommunautaires ?

Ce que dessine le CEA ressemble à la politique d'immigration de pays tels que le Canada ou l'Australie, à l'approche strictement économique.

À leur exemple, un système à points permettrait de faire rentrer dans le pays les catégories d'étrangers qui paraissent utiles à l'économie nationale. Pour ma part, je pense que ce modèle ne correspond ni à la culture française ni à la culture européenne. Il n'est pas adapté au niveau, tout relatif, d'attractivité de nos économies et je craindrais que la longue mise en place d'un système aussi complexe autorise entre-temps toutes les dérives.

Une des principales difficultés face à l'immigration irrégulière, qu'il faut objectivement souligner, tient aux obstacles qui entravent l'éloignement forcé des personnes qui n'ont pas de titre régulier de séjour dans notre pays. Ces obstacles sont principalement le fait, selon la CAE, du refus des États d'origine de délivrer des laissez-passer consulaires. La France négocie difficilement au cas par cas. Mais des motifs plus domestiques sont également à l'œuvre : le sous-effectif des préfectures, la faible formation des agents et la mise sous tension permanente du système administratif. La rétention administrative préalable à l'éloignement ne fonctionne pas non plus de manière optimale. Les centres de rétention comportent à l'heure actuelle moins de 2 000 places. Leur taux d'occupation était au premier semestre 2021 de 79 % et la durée moyenne de rétention de 24 jours.

Par ailleurs, il est préoccupant de constater la proportion de personnes retenues passées préalablement entre les mains de la justice : 50 à 60 % d'entre elles sortent de prison ou de garde à vue.

L'impression d'embouteillage et de tension se confirme quand on arrive au contentieux. Le contentieux des étrangers est sans cesse croissant : il a représenté, en 2020, 41 % des affaires jugées par les tribunaux administratifs.

À cela s'ajoute la complexité du droit des étrangers dont le Défenseur des droits peut témoigner mieux que personne. Ce corpus de droit a connu trente réformes depuis 1980 et doit intégrer en outre les décisions et les jugements de l'Union européenne comme de la Cour européenne des droits de l'homme.

Il devient urgent de simplifier les procédures, non pas pour pouvoir pratiquer une justice d'abattage, mais au contraire pour permettre aux juges, en collège ou jugeant seul, de mieux appliquer notre droit qui demeure protecteur des droits fondamentaux de la personne. La distinction fondamentale des compétences doit être conservée. Le juge judiciaire est chargé, au titre de la liberté individuelle, du contrôle de la rétention au-delà de 48 heures et des procédures. Le juge administratif doit rester compétent pour toutes les autres mesures. Une des pistes de progrès pourrait être de réduire le nombre de procédures, qui s'élèvent actuellement à une dizaine, à seulement trois.

Le Défenseur des droits que j'étais a montré comment la complexité et la tension du système jouaient à la fois contre les droits des étrangers et contre l'efficacité d'une politique migratoire à la fois ferme et humaine. Le travail est double : il faut d'une part assurer la sécurité, tout en respectant la liberté d'expression et la liberté de croyance et, d'autre part, conduire une action d'intégration par tous les moyens que peuvent offrir notre système éducatif, notre offre culturelle, nos entreprises et, de manière plus fondamentale, les familles. Appliquer les principes ne veut pas dire proférer des incantations, mais agir sur le terrain.

La déclaration sur la race et les préjugés raciaux édictée par l'Unesco en 1978 pourrait servir de boussole : « Tous les êtres humains appartiennent à la même espèce et proviennent de la même souche. Ils naissent égaux en dignité et en droits et font tous partie intégrante de l'humanité. » Voilà la base incontestable de toute politique migratoire, sauf pour les racistes constitués, désormais de plus en plus audibles. Toute politique doit conserver cet horizon sans s'abandonner aux poncifs, qu'ils soient ceux de l'exclusion ou ceux de la bien-pensance. Cela implique un réel effort sur nous-mêmes, la volonté de ne pas dévier, ni dans la pensée ni dans les mots.

C'est pourquoi il faut de mon point de vue que reviennent les principes d'une humanité marquée par l'égalité et la fraternité, que soient rejetées les idées de supériorité de certains ou certaines sur les autres. La nature humaine, quelle qu'elle soit, d'où qu'elle vienne, peut s'épanouir et progresser en solidarité et en citoyenneté. La France a été un modèle à cet égard. Elle n'est pas destinée à devenir le champ clos d'une guerre des identités.

Une simple réunion

En 1990, j'ai vécu le moment difficile où, la France ayant décidé de faire la guerre en Irak, un grand nombre de pays arabes, en particulier l'Algérie, décidèrent de manifester leur mécontentement. La communauté musulmane se mobilisa pour dénoncer la décision du président Mitterrand. Les autorités de police redoutaient que des affrontements puissent se produire, en particulier au sortir de la prière du vendredi à la mosquée.

Comme d'autres élus en province et en Île-de-France, j'ai décidé d'inviter à la mairie du XIIIe arrondissement des représentants de toutes les religions pratiquées sur le territoire de l'arrondissement. Il y avait là des bouddhistes, des shintoïstes, des hindouistes, des musulmans chiites et sunnites, des juifs, des catholiques, des protestants et des évangéliques, soit toutes les religions et toutes les Églises qui comptaient un grand nombre de croyants et de fidèles. Cette réunion, exercice de sincérité et de transparence, avait pour but de permettre à chaque représentant de chaque religion, devant l'élu, par définition laïque et neutre, d'exprimer son sentiment sur la situation créée par l'engagement de la France. Je pressentais que parler, échanger, critiquer, permettrait de s'abstenir de manifester et éventuellement de s'affronter.

Au début de la réunion, la méfiance était palpable et, pour certains, l'incompréhension totale : « Pourquoi nous avez-vous convoqués ? » Cependant, il est apparu très vite que personne n'avait envie de briser cette sorte d'harmonie et de paix qui pouvait régner dans un quartier où vivent par dizaines de milliers des personnes qui se distinguent par leurs origines, leur statut social, leurs conditions de logement, leur travail et leur culture.

Cette réunion n'a eu aucune autre conclusion que le fait qu'elle se soit déroulée. Chacun en est sorti convaincu, s'il ne l'était d'emblée, que la liberté de croire, de dire et de pratiquer son culte n'était en rien contradictoire avec l'appartenance à une communauté humaine, en l'occurrence les 170000 habitants et quelques des quartiers du XIIIe arrondissement. Cette communauté[25] était quotidiennement réunie autour de sujets d'intérêts et de besoins communs : l'éducation des enfants, les difficultés des transports ou la circulation, la faiblesse des revenus, la difficulté de se loger mais aussi la satisfaction de vivre, pour ceux qui n'y étaient pas nés, dans un pays comme la France et dans une ville comme Paris.

Une telle réunion s'est probablement déroulée des centaines de fois, partout en France, à ce moment-là. Elle n'a fait à cet instant l'objet d'aucune publicité particulière. Chacun s'en est retourné chez soi, dans son église, dans sa mosquée ou son temple, avec sa famille et ses coreligionnaires. Ceux et celles qui ne professent

25. Au sens le plus plat du mot, que dit parfaitement l'allemand « *Gemeinschaft* ».

aucune religion n'en étaient pas moins présents par la pensée.

Depuis trente ans, je n'ai jamais dérogé aux leçons de cette modeste réunion : respecter les différences dans l'égalité et la diversité, appliquer à tous des règles communes, se fixer ensemble des perspectives. Je ne crois pas que cette expérience appartienne à un passé révolu. Malgré le terrorisme qui s'est abattu sur notre pays depuis trois décennies, j'affirme deux certitudes :

– entrer en France n'est pas un délit, le droit international autorise quiconque à quitter librement le pays où il vit ;

– s'installer en France ne relève pas d'emblée de la police, mais d'abord d'actions sociales, économiques, culturelles, des pouvoirs publics et de la société civile.

C'est ce que je souhaite que personne n'oublie, quelles que soient les passions ou les peurs.

Chapitre 5

Vers l'interdépendance

Le déclin de l'Occident

Ouverture, mondialisation, individuation et « moutonnisation », simultanément favorisées par l'Internet, mettent à mal les solidarités et priorisent les dérives identitaires. Les minorités semblent devenir dominantes et contribueraient ainsi à l'abaissement de la France. Le risque de voir la majorité devenir minoritaire provoque le refus du migrant. L'heure est au repli sur le groupe, la nation, l'ethnie, une « civilisation » en guerre avec une autre, et toute gouvernance solidaire semble disparaître.

L'Europe, modèle exportateur de l'universalité des valeurs, n'échappe pas au conflit entre les droits et libertés individuelles et les revendications des communautés, des identités et de certains États membres.

C'est l'Occident qui est malmené. Certes, le récit quotidien de l'affrontement entre la civilisation musulmane et la civilisation occidentale est outrancier, comme celui qui met en scène la volonté de la civilisation asiatique de dominer sur les marchés pour triompher politiquement. Mais il est vrai que s'il y avait une « fin de l'histoire », ce serait celle de l'histoire de l'Occident. Le monde est en train de pivoter vers la Chine et l'Inde pour reposer sur des valeurs qui ne sont plus les nôtres. La Russie et l'Iran nous provoquent régulièrement. Les Asiatiques sont impatients de faire l'histoire sur d'autres modèles que celui de nos libertés et de nos droits. Ils sont nombreux à rejeter brutalement les valeurs occidentales, les droits de l'homme et la conception du progrès propre aux Lumières.

La constitution du GIEC (Groupe d'experts intergouvernemental sur l'évolution du climat) en 1988, qui exprime pour la première fois une urgence écologique, fut vécue comme un nouveau colonialisme par les pays asiatiques, voire le retour des « canonnières ». Les ambitions impérialistes de la Russie et de la Chine expriment des résistances profondes à l'occidentalisation. L'histoire plurimillénaire de la Chine et du sous-continent indien justifient leur opposition passive ou active à l'Europe et aux États-Unis, tout comme l'obsession de Vladimir Poutine pour l'ancien empire russe résolument tourné vers l'Asie. L'Europe et les États-Unis ont le plus grand mal à tenir une position ferme face à la Russie dont les agressions territoriales se sont multipliées ces dernières années pour culminer à la frontière de l'Ukraine, dans ce qui est désormais une guerre véritable. Dans ce retour des désirs concurrents d'expansion impérialiste contre le modèle américain, comment pouvons-nous faire valoir que les droits humains sont universels et non pas seulement occidentaux, et doivent être respectés à ce titre ?

Certains responsables politiques ont compris plus vite que d'autres la nécessité d'embrasser la diversité culturelle de notre monde. Ce fut le cas du président Jacques Chirac. Il fut l'un des premiers à comprendre qu'il s'agissait de passer des souverainetés solitaires des États à une souveraineté solidaire mondiale. Il le comprit parce qu'il avait lui-même le goût de l'autre culture, de la découverte de l'altérité, de la diversité à laquelle il a voulu consacrer un musée, celui du Quai Branly, qui abrite des collections d'arts africain, asiatique, océanien et américain, et qui montre que l'art et les artistes sont de tous les continents, de toutes les cultures, en dehors du continent et de la culture européennes. En novembre 2001, à l'Unesco, trois mois après les attentats du 11 septembre, Jacques Chirac proposa une déclaration sur la diversité culturelle, soutenue notamment par le Canada. Elle sera adoptée en 2005. Elle n'est pas contraignante mais invite les États membres à reconnaître l'importance des droits culturels et du droit à la diversité ainsi qu'à les promouvoir.

Relativisme ou pluralisme ?

D'aucuns rétorquent : le pluralisme des droits culturels ne risque-t-il pas de faire prévaloir le relativisme sur l'universalité des valeurs ? En 2019, au cours de sa quarantième session, le Conseil des droits de l'homme de l'ONU a apporté une réponse : « L'un des principaux problèmes reste le relativisme culturel. À l'avenir il faudra continuer à distinguer entre les droits culturels qui amplifient les droits de l'homme et le relativisme qui les diminue au nom de la culture et qui est rejeté par le droit international ». La communauté internationale s'est accordée contre le relativisme sans pour autant prétendre imposer un modèle dominant qui nierait le pluralisme. Là encore, le seul recours contre le relativisme est le droit qui fonde les démocraties.

Il n'y a ni théorie ni recette pour conserver l'équilibre et la justesse dans les décisions liées au pluralisme culturel. L'universel est concret, il se manifeste, ou non, dans des situations qui nécessitent un discernement chaque fois singulier, et une humilité, ainsi que le recours au droit. Il faut en revanche mettre les moyens nécessaires pour nourrir les dialogues entre pays et cultures, pour soutenir la traduction des œuvres et des textes, pour encourager les individus à faire une expérience d'altérité en découvrant d'autres mondes, en se laissant créoliser. Il faut aussi accepter que l'universalité ne soit pas un cercle fermé mais un horizon critique. Mon expérience, l'état du monde et mes engagements m'ont ainsi conduit à travailler sur l'idée fondamentale à mes yeux d'interdépendance.

Le terme est apparu dans le langage commun au troisième sommet de la Terre à Rio de Janeiro en 1992 : « la Terre, foyer de l'humanité, constitue un tout marqué par l'interdépendance ». L'interdépendance permettait de souligner la nécessité vitale de solidarités ultra-nationales dans la lutte contre le réchauffement climatique.

En 2005, une première Déclaration d'interdépendance fut présentée aux institutions onusiennes par le Collegium international éthique sous la présidence de Michel Rocard. J'ai participé à la rédaction de ce texte.

Le Collegium fut présidé par Michel Rocard jusqu'à sa disparition, puis par moi-même, et réunit des personnalités éminentes comme Mireille Delmas-Marty (qui vient, hélas, de disparaître après avoir développé le concept de « boussole »), Stéphane Hessel, Peter Sloterdijk, Pascal Lamy, Ruth Dreifuss, entre autres.

Pendant les dix années qui ont suivi, les projets se sont multipliés. En 2011, une Déclaration universelle des responsabilités humaines a été rédigée ; en 2015, une Déclaration des droits de l'humanité ; la même année, l'Accord de Paris sur le climat soulignait le caractère planétaire des menaces pesant sur la communauté de la vie sur terre et le devoir de coopération qui en résultait pour les États. Une surprenante Déclaration des poètes fut publiée en 2017 par Patrick Chamoiseau, qui reprend le beau terme de « mondialité » lancé par Édouard Glissant pour désigner « ce que la mondialisation économique n'a pas envisagé », cet « inattendu humain [...] qui refuse de déserter le monde ». Le Collegium international a quant à lui lancé un plaidoyer pour une Charte d'interdépendance présenté en 2018 au Secrétaire général de l'ONU. Il propose de fonder cette Charte sur trois principes : préserver les différences, promouvoir des solidarités, répartir les responsabilités.

Les trois principes de l'interdépendance

Préserver les différences car la « mondialité », mot que j'adopterai, n'est pas l'uniformité. Tout au contraire, elle reconnaît les différences et s'en nourrit, refusant l'uniformisation sur un modèle unique redouté de tout temps. Kant craignait déjà une République universelle qui devait, selon lui, conduire au despotisme le plus effroyable. Un siècle plus tard, Tocqueville imaginait que le despotisme en démocratie infantiliserait les humains au point de les transformer en troupeaux d'animaux dociles. Et pourtant, il ne pouvait pas anticiper la révolution numérique qui met au service de son despotisme « doux », auquel chacun participe spontanément, des moyens de surveillance de masse fondés sur des données que nous contribuons, plus ou moins consciemment, à alimenter, ni que ces données seraient traitées par des algorithmes qui nous échappent à mesure que l'intelligence artificielle progresse et s'autonomise.

Promouvoir les solidarités car la mondialité est à la fois multiple et unique : multiple, elle implique un certain pluralisme, mais unique, elle ne se contente pas de juxtaposer des différences et en appelle à un ordonnancement commun. En ce sens la mondialité est proche du « pluralisme ordonné » de Mireille Delmas-Marty qui rapproche les différences sans les supprimer, harmonise la diversité sans la détruire et pluralise l'universel sans le remplacer par le relatif : pour qu'il y ait du commun il faut qu'il reste des différences, mais qu'elles deviennent compatibles.

Pour rendre les différences compatibles, la mondialité peut s'appuyer sur deux dispositifs de droit international : l'article premier de la Déclaration universelle des droits de l'homme déjà évoqué érige l'égale dignité des êtres humains en principe universel. L'article premier de la Déclaration universelle de l'Unesco sur la diversité culturelle, proposée par Jacques Chirac et adoptée en novembre 2001 dans le climat tragique des attentats du 11 septembre, qualifie la diversité culturelle de « patrimoine commun de l'humanité ». L'article 4, en précisant que « nul ne peut invoquer la diversité culturelle pour porter atteinte aux droits de l'homme garantis par le droit international, ni pour en limiter la portée », indique une direction mais ne dit pas comment l'objectif est accessible.

Il faut donc une méthode qui détermine le seuil de compatibilité de la diversité culturelle avec l'universalisme. Elle pourrait se définir comme la mesure de la portée de l'application des valeurs universelles lorsqu'elle est mise en situation par les exigences du respect de cultures locales. Inventée par la Cour européenne des droits de l'homme, la notion de « marge nationale d'appréciation » permet à la fois de reconnaître des principes communs et d'admettre une différence dans leur mise en œuvre, à condition qu'elle demeure compatible avec les principes communs. Dans une publication posthume, le penseur tunisien Abdelwahab Meddeb suggère que cette notion de « compatibilité », plus souple que celle de « conformité », permettrait de préserver une marge nationale dont l'ampleur dépendrait des critères qui la déterminent. C'est dire l'importance des droits culturels dans cette « conciliation des inconciliables » qui est l'une des clés d'une mondialité apaisée.

Il faut, troisièmement, répartir les responsabilités et aller vers une gouvernance commune qui tienne compte des acteurs non gouvernementaux. À mesure que la mondialisation progresse, la séparation démocratique entre les trois pouvoirs (exécutif, législatif et judiciaire) est plus difficilement transposable à l'échelle du monde. En revanche, des contrepouvoirs se mettent en place du côté des acteurs non étatiques, en particulier privés. Comme les conférences sur le climat le démontrent, et comme de récents projets le confirment (Pacte mondial sur les migrations ou Convention modèle sur les mobilités humaines), participent désormais à la gouvernance du monde, non seulement les pouvoirs politiques (États et organisations internationales) et économiques, mais encore les savoirs scientifiques (communautés des savants) et les mobilisations civiques organisées à l'échelle mondiale (ONG ou syndicats).

La pluralité des lieux d'expression et des acteurs pourrait contribuer à une mondialité apaisée à condition de garder une cohérence d'ensemble, ce qui suppose une répartition des responsabilités reposant sur des objectifs communs. Le préambule de la Charte s'ouvre sur une énumération des objectifs de l'interdépendance, comportant notamment :

– ceux qui résultent de la Déclaration universelle des droits de l'homme, du sommet de la Terre et de la Charte de la Terre (2000), de la Convention sur la protection et la promotion de la diversité des expressions culturelles de l'Unesco (2005);

– ceux du Millénaire pour le développement, principalement axés sur la lutte contre la pauvreté.

À l'occasion du 70e anniversaire de la Déclaration universitaire des droits de l'homme, nous avons proposé d'ajouter deux objectifs particulièrement nécessaires à notre siècle: « l'hospitalité universelle » et « la misère hors-la-loi ».

À partir de ces objectifs généraux, des objectifs spécifiques, qualitatifs et quantitatifs, doivent préciser les responsabilités des États. Il faudrait en outre préciser celles des acteurs non étatiques quand ils exercent un pouvoir global. Ainsi, pour les entreprises, la nouvelle « responsabilité sociale et environnementale » conduit à élargir la notion d'intérêt social à certaines formes d'intérêt général. La loi française de 2017 sur le devoir de vigilance des sociétés mères et des entreprises donneuses d'ordre à l'égard de leurs filiales et sous-traitants contribue à établir cette responsabilité des acteurs privés.

La Charte d'interdépendance n'est pas une utopie, mais une urgence. Face à une réalité déjà perceptible, elle serait un instrument de navigation. Elle est perfectible car cette charte a été conçue comme interactive et évolutive.

Adaptée à notre humanité à la fois unique et multiple, elle n'opposerait pas la diversité à l'unité, le différent au commun, le relatif à l'universel. Elle se sert du droit comme d'une boussole afin de rendre compatibles les différences et répartir les responsabilités de façon différenciée. C'est la condition d'une mondialité apaisée qui ne prétend garantir ni la paix perpétuelle imaginée par Emmanuel Kant, ni la Grande Paix des classiques chinois, ni « le doux commerce » de Montesquieu, mais plus modestement préparer le cheminement vers une paix toujours réinventée par la voie d'une gouvernance mondiale favorisant la démocratie, plutôt que la mondialisation.

Face à l'imprévisible, l'heure est à l'anticipation, et donc aux poètes et aux artistes qui inventent et imaginent le changement sur les pas d'Édouard Glissant : « Aucune solution aux problèmes du monde sans cette énorme insurrection de l'imaginaire[26] ». On peut rêver d'une humanisation réciproque plutôt que d'une guerre des identités.

---

26. *La Cohée du Lamentin*, Paris, Gallimard, 2005, p. 23.

Épilogue

Malgré l'immense admiration que j'ai pour lui, je ne suivrai pas Julien Gracq lorsqu'il écrivait à Jean Carrière en 1986 : « On peut très bien considérer ce monde comme une merveille irremplaçable pour l'homme, et être tranquillement dénué d'espoir ». Au contraire du grand écrivain, je voudrais conclure ces observations parfois amères sur une conviction optimiste. Ce livre a été mûri par mon expérience récente de Défenseur des droits et par celle de cinquante-cinq années de service public au total. J'affirme que nous pouvons construire une République plus rassembleuse, attentive à tous. Mais nous devons faire des choix, clarifier nos valeurs, assurer nos convictions, car les temps sont rudes. La situation présente appelle plus que jamais à engager des réformes et tenir sur nos exigences en matière de droit.

Si je n'ai plus de rôle actif, je peux encore agir en partageant les certitudes qui ont conduit ma vie et ma carrière. La principale, c'est que l'injustice se perpétue par la force et que le droit seul peut l'empêcher. Au moment de mettre fin à six années exaltantes dans les fonctions de Défenseur des droits, j'avais mentionné trois exigences pour exercer cette charge :

– être à la hauteur de l'indépendance et de la liberté auxquelles la fonction engage, mais auprès de tous et de toutes ;

– légitimer la confiance de la société dans le service public et dans celles et ceux qui l'incarnent ;

– garantir l'égalité et nourrir ainsi les sentiments d'appartenance et de justice, au lieu de laisser prospérer l'esprit antirépublicain du communautarisme.

Pour servir cette dernière exigence à un niveau international, il faut réformer drastiquement le fonctionnement des Nations Unies. L'ONU doit faire place à une organisation interétatique fondée sur des engagements dans le domaine des politiques migratoires, de l'énergie, de la régulation de l'économie et des finances qui aujourd'hui sont livrés au bon vouloir de certains États, de certaines entreprises ou du hasard. Nous avons connu 1920, Nuremberg, les Nations Unies à New York. Il est temps de mettre à jour les fondements de la vie commune et de l'interdépendance.

La résurgence de groupuscules fascistes ou d'extrême gauche, ces dernières années, a fait dire que nous vivions un retour aux années 1930. J'ai une autre analyse que je propose en pleine conscience. Le climat qui est le nôtre est celui des premiers temps de la République, à l'époque où il fallait poser un choix fort, pour ou contre elle. Nous sommes à nouveau devant le choix que les Français avaient à faire il y a plus de cent-trente ans, au moment de l'affaire Dreyfus, du côté des dreyfusards, comme de celui des antidreyfusards.

Contrairement à ce qui se dit couramment, du fait d'une myopie historique, ce ne sont pas les années 1930 qui hantent nos débats actuels, mais les affrontements politiques de la fin du XIXe siècle. Le débat qui est le nôtre était déjà celui qui se jouait entre ceux qui voulaient finir la Révolution avec l'avènement de la

République et les grandes lois constituantes des années 1880, et ceux qui voulaient interrompre la marche vers la démocratie engagée en 1789. Les antidreyfusards se considéraient comme les seuls vrais Français. Leur slogan était « la France d'abord ». Ils appartenaient souvent à une droite légitimiste animée par un esprit de conspiration, ils étaient antisémites. Ils prenaient position contre la science moderne et universelle, cultivaient l'émotion, l'intuition et l'affectivité. Ils considéraient leurs adversaires comme des idiots et des étrangers, on dirait aujourd'hui des bien-pensants.

Les dreyfusards (la famille de Gaulle en était), de leur côté, défendaient les principes de la République et l'égalité des citoyens devant le droit. Ils étaient patriotes mais d'une patrie qui n'était pas un clan ethnique. Ils rejetaient l'antisémitisme ignoble de leurs contemporains. La nation, que la République s'attelait à rassembler, devait incarner pour eux des idéaux de justice, d'égalité, d'objectivité qu'on retrouve dans le fameux *J'accuse* d'Émile Zola (1898).

Les dcux clans avaient dessiné des modèles de société qui s'opposaient radicalement. On se souvient du fameux dessin de Caran d'Ache montrant un dîner de famille. La première vignette propose : « Surtout ! ne parlons pas de l'affaire Dreyfus ! ». La seconde informe : « ... Ils en ont parlé... » Entretemps, la table est renversée, les convives se battent avec acharnement, monsieur étrangle madame, et même les enfants s'y mettent.

Quand Charles Maurras, condamné en 1945, lança au tribunal « C'est la revanche de Dreyfus », il manifestait que, cinquante ans après les faits, les divisions étaient toujours présentes. Non seulement elles le sont encore, mais elles se sont aggravées, creusant des scissions toujours plus fortes au sein de notre société entre ceux qui désirent la réalisation authentique de l'idée républicaine et ceux qui, tout vernis effacé, lui restent profondément hostiles.

Le combat identitaire que j'ai essayé d'analyser dans les pages précédentes nous ramène à beaucoup d'égards à ce clivage. D'un côté, une pensée rationnelle soutient le caractère fondamental de l'État de droit, de l'idée européenne. Elle essaie d'œuvrer dans un esprit d'ouverture et d'intégration. Elle fait face à une pensée repliée sur ses craintes, qui fantasme une France définitivement passée, affirme que l'enfer c'est les autres, ne craint pas la violence et la revendique même. C'est celle des manifestants qui brisèrent la tête de Marianne à l'Arc de Triomphe au moment de la révolte des Gilets jaunes. C'est aussi celle qui, dans un retournement pervers, se rend hostile aux libertés et au respect d'autrui au nom de la lutte contre la discrimination et l'exploitation de l'être humain. Paradoxalement, la pensée *woke* et la *cancel culture* pourraient contribuer à nier le caractère fondamental des principes démocratiques et républicains.

En Pologne, en Turquie, aux États-Unis, au Royaume Uni, en Espagne, en Russie, au Brésil, en Inde, les mêmes fractures remettent en cause tous les principes admis depuis la Première et la Deuxième Guerre mondiale. La globalisation telle qu'elle est menée depuis cinquante ans engendre la distinction entre le provincial et le cosmopolite, entre *somewhere* et *anywhere.* Les idées illibérales et autoritaires du XXIe siècle, tout commes celles du XIXe, reposent sur le ressentiment, la colère et les rêves messianiques. Elles sont favorisées désormais par les nouvelles technologies et particulièrement par les réseaux sociaux qui au lieu de rassembler, d'ouvrir le débat, contribuent à empêcher le consensus et divisent un peu plus encore ceux qui vivent dans le monde virtuel plus que dans le monde réel.

Les circonstances récentes, celles de la pandémie de la Covid-19, sont instructives. On pouvait espérer que l'ampleur et la rapidité de la propagation de la maladie conduiraient à une réévaluation de la solidarité globale, favoriseraient la coopération, permettant la création de nouvelles institutions internationales, engageant une politique européenne commune. Il n'en a rien été. Les fantasmes et la désinformation ont couru. La pandémie a contribué à empêcher le débat, entraver les libertés, faire enfler l'autoritarisme comme le montre, caricaturalement, la loi hongroise de mars 2020 qui permet de condamner les personnes qui critiquent la gestion de la pandémie par le gouvernement.

C'est au contraire de raison et de liberté dont nous avons besoin, contre l'indifférence. Je rêve d'un monde où l'on pourrait dire ce qu'on veut en confiance, où le débat rationnel serait possible, où la connaissance et l'expertise seraient respectées, où l'on pourrait traverser facilement les frontières, celle des États comme celle des esprits. Car raison ne veut pas dire pour moi insensibilité.

L'éducation et la culture seront une des réponses aux délires de l'imagination et de l'ignorance. Dans un monde ouvert, avec les même bases sociales et intellectuelles qu'au premiers âges de la République. Alors, les paysans, en grand nombre, n'avaient pas connu l'instruction, ni même ne s'étaient, pour la majorité d'entre eux, accoutumés à la pratique de la langue nationale, celle de l'Île-de-France. Jules Ferry, l'école pour tous, l'égalité dans l'enseignement, ont entraîné une fusion des cultures, dont le premier témoignage a été, hélas, la communauté des morts au champ d'honneur de la Première Guerre mondiale. Après la guerre, les progrès fulgurants de l'enseignement, de la langue française, de l'institution de l'école ont été les grands assimilateurs, des paysans d'abord, puis des immigrés, y compris musulmans, après la Libération de 1945.

Dans le combat contre les excès de l'identité, je crois que les hommes et les femmes de tous les arts devraient prendre leur part. Dans toutes les disciplines, les artistes poursuivent le rêve de partager la beauté, d'inviter à un voyage hors de soi, de créer un lieu, l'œuvre, où les regards les plus divers se croisent et se rencontrent. « Mon enfant, ma sœur / Songe à la douceur / D'aller là-bas vivre ensemble[27] ! » Car le lieu rêvé n'est autre que celui où vivent ensemble ceux qui

27. Charles Baudelaire, « L'Invitation au voyage », in *Les Fleurs du mal*, 1857.

s'aiment. Il n'est pas question dans l'art d'identité et de frontières, mais bien au contraire de l'espace physique ou mental où se tenir avec d'autres et vivre et partager. L'artiste offre ce qu'il est à celui ou celle qui le regarde, l'écoute, l'admire et ainsi se transforme. Il poursuit le rêve de partager la beauté. L'identité, dans l'œuvre d'art, est une interpellation, et non une définition, elle est faite pour l'échange. L'art passe les frontières et conjure les affrontements, il arrache à soi-même, à sa condition. Des enfants syriens confinés dans un camp ont ainsi reçu des appareils photos grâce à une association dirigée par un photographe professionnel. Leurs œuvres, à la fois crues et poétiques, exposées ensuite dans le monde entier, ont montré la puissance de l'art même au creux du pire malheur. La culture, les politiques culturelles et la rencontre avec l'art me paraissent pouvoir contribuer à conjurer le divorce entre les valeurs de l'universalité humaine et les revendications impérieuses des identités qui les contestent.

La France s'est battue sur ce terrain. Je me suis moi-même engagé, en 1993, en tant que ministre de la Culture pour que l'Europe poursuive ses actions de politique culturelle et ne se soumette pas au modèle uniforme et purement économique imposé par les États-Unis, notamment Hollywood. Cette « exception culturelle », reprise ensuite sous le vocable de « diversité » par la convention de l'Unesco de 2005, ne constituait en rien, malgré l'ambiguïté du vocabulaire juridique[28], une démarche pour préserver une essence nationale irréductible. Au contraire, elle voulait assurer le respect de valeurs universelles en garantissant que, quel que soit le contexte économique, l'autonomie de la création ne saurait être contestée ; que chaque artiste, chaque homme et femme de culture, pourrait continuer à porter au plus grand nombre un témoignage sensible sur la société dans laquelle il vit et un libre signe de son talent personnel.

Dans notre Constitution, comme le Conseil constitutionnel vient de le faire en juin 2021, il ne faut pas négliger, enfin, le troisième terme de la devise, celui de fraternité. L'égalité et la liberté n'atteignent pas à l'impératif moral sans la fraternité qui unit les êtres dans une humanité commune et donne sens au vivre-ensemble. Elle seule peut permettre de dépasser les affrontements et de faire accepter à tous que, sur terre, et en

28. « Exception » à l'application des dispositions du traité sur le commerce international.

France en particulier, tous les hommes et toutes les femmes sont égaux en droit et en dignité. Or la fraternité n'a plus pignon sur rue. On parle de respect et de tolérance qui n'ont cependant pas la force de ce lien intime avec l'autre être humain, celui qui me ressemble au-delà des différences les plus radicales. Même des essayistes inspirés par la religion catholique interviennent régulièrement dans les médias pour refuser la valeur absolue de la fraternité. Ils contestent qu'en son nom, il faille orienter la politique migratoire et organiser l'accueil des étrangers dans notre pays. Ils ne veulent pas admettre que la parabole du bon Samaritain invite à un geste d'amour, au-delà même de la loi, et ils s'opposent à une lecture autre qu'ecclésiologique. Ils persiflent sur l'« amour du prochain » en niant que tout autre homme puisse être ainsi aimé. L'héritage chrétien est contesté par les chrétiens eux-mêmes au nom de la préférence nationale et de la fermeture des frontières, et pas seulement à l'occasion des excès verbaux d'une campagne électorale.

L'histoire du bon Samaritain résonne pourtant de manière très concrète aujourd'hui. Le Samaritain détesté des Juifs est le seul à porter assistance à un homme sauvagement agressé et gisant sur le bord de la route. Un prêtre et un lévite étaient passés avant lui, sans s'arrêter, indifférents. Ils avaient détourné le regard. Ils ne s'étaient pas approchés de cet homme, craignant son impureté qui les empêcherait d'entrer dans le temple. Mais il n'y a pas des « prochains », il n'y a que des hommes et des femmes dont on peut se rendre proches, auxquels on peut rendre leur humanité et qui, ainsi, nous la conféreront en retour dans l'échange. Seule une pensée vigoureuse de la fraternité peut éclairer les grandes valeurs libérales, égalité et liberté, dont la force universelle inspire les idées que j'exprime avec autant de passion que de sérénité.

Remerciements

Pour un essayiste en herbe, les concours éclairés sont déterminants.

Je voudrais dire ma reconnaissance à Alice d'Andigné, toujours disponible et souvent décisive, à Camille de Villeneuve, à la plume si élégante, à Judith Housez-Aubry et sa relecture attentive et pertinente, à Sabrine Evrard, qui a fait l'écrit, et à tous ceux et toutes celles, dans ma famille et au cabinet Dentons, qui m'ont permis d'écrire en peu de temps ce que je porte en moi depuis longtemps.

Ma reconnaissance va également à mes amis du Collegium internationnal avec qui, après Michel Rocard, et avec Mireille Delmas-Marty, j'ai pu contribuer à élaborer la pensée de l'interdépendance et des souverainetés solidaires.

Table

Cet ouvrage a été composé
par MauryàMalesherbes
et achevé d'imprimer en France
par CPI BRODARD & TAUPIN (72200 La Flèche)
pour le compte des Éditions Stock
21, rue du Montparnasse, 75006 Paris
en avril 2022

PAPIER À BASE DE FIBRES CERTIFIÉES

Stock s'engage pour l'environnement en réduisant l'empreinte carbone de ses livres. Celle de cet exemplaire est de : 550 g éq. CO_2
Rendez-vous sur www.editions-stock-durable.fr

Imprimé en France

Dépôt légal : mai 2022
N° d'édition : 01 - N° d'impression : 3047664
29-07-6756/2